大数据时代大学生思想教育创新路径研究

辛　勤◎著

中国华侨出版社
·北京·

图书在版编目（CIP）数据

大数据时代大学生思想教育创新路径研究 / 辛勤著
. -- 北京：中国华侨出版社，2022.8
　　ISBN 978-7-5113-8797-4

　　Ⅰ.①大… Ⅱ.①辛… Ⅲ.①大学生－思想政治教育
－研究－中国 Ⅳ.① G641

中国版本图书馆 CIP 数据核字 (2022) 第 095120 号

大数据时代大学生思想教育创新路径研究

著　　者 / 辛　勤
责任编辑 / 桑梦娟
经　　销 / 新华书店
开　　本 / 787 毫米 ×1092 毫米　1/16　印张 /9.5　字数 /213 千字
印　　刷 / 三河市金兆印刷装订有限公司
版　　次 / 2023 年 7 月第 1 版　2024 年 7 月第 2 次印刷
书　　号 / ISBN 978-7-5113-8797-4
定　　价 / 48.00 元

中国华侨出版社　北京市朝阳区西坝河东里 77 号楼底商 5 号　邮编 :100028
编辑部 :(010)64443056
网址 :www.oveaschin.com　E-mail:oveaschin@sina.com

如发现印装质量问题，影响阅读，请与印刷厂联系调换。

前　言

随着信息技术的迅猛发展，移动互联网的高度覆盖，数据存储技术的飞跃，智能移动终端不断升级迭代，云计算、物联网、区块链等技术被广泛应用，数据的产生和应用的速度、规模不断创造新的纪录，数据大规模生产、存储、应用的时代已经来临。与互联网的发明一样，不仅是信息技术领域的革命，大数据时代的到来也带来了教育的巨大变革。在大数据蓬勃发展、多元文化相互影响的社会主义新时代，如何科学高效、合理合法地利用大数据，挖掘高校网络思想政治教育的深层次规律，有针对性地开展高校网络思想政治教育工作，提高高校思想政治教育质量，不仅关乎青年的成长成才，也关系到社会的发展与国家的前途。毫无疑问，大数据为高校网络思想政治教育提供了更加准确的数据背景和丰富可靠的教育方法及技术手段，提高了高校网络思想政治教育的针对性与科学性。与此同时，大数据所带来的网络环境、技术手段的快速发展和巨大变化也给高校网络思想政治教育施加了新的压力。因此，分辨大数据带来的发展机遇和挑战，利用大数据掌握高校思想政治教育活动规律、提高思想政治教育的有效性，以适应大数据时代高校思想政治教育发展的新要求，是当前面临的现实问题。

本书在分析大数据与大学生思想政治教育理论的基础上，论述了大数据给高校思想政治教育带来的新境遇与新挑战，再以此为背景着重论述了大数据时代高校思想政治教育的创新路径，对大数据背景下高校思想政治教育方法的转变、互联网教育思想的应用以及教育平台的建设做出了详细论述，为大数据背景下高校思想教育的途径创新给出了指导，希望本书的出版可以为新时代高校思想政治教育的发展贡献自己的力量。

由于本书研究内容具有较强的综合性和应用性，加之作者水平有限，时间仓促，书中缺点错误和不妥之处在所难免，敬请读者批评指正，以便今后进一步修改，使之日臻完善。

目　录

第一章　大数据与大学生思想政治教育的内涵 ·············· 1

　　第一节　大数据的内涵阐释 ················· 1

　　第二节　大学生思想政治教育的内涵分析 ··········6

　　第三节　大数据时代大学生思想政治教育的必要性 ·········· 12

第二章　大数据时代高校思想政治教育的新境遇与新挑战 ········ 18

　　第一节　大数据时代高校思想政治教育宏观环境变化 ········· 18

　　第二节　大数据时代高校思想政治教育微观形势变革 ········· 21

　　第三节　大数据时代高校思想政治教育者和教育对象之间呈现新矛盾 ········· 25

　　第四节　大数据为高校思想政治教育创新带来的新机遇 ········· 27

第三章　大数据时代大学生思想教育路径改革新——思想政治教育方法创新 ······· 47

　　第一节　大数据时代思想政治教育方法创新的理论 ········· 47

　　第二节　大数据时代思想政治教育方法创新的依据、动力和原则 ········· 51

　　第三节　大数据时代思想政治教育方法创新的表现和要求 ············· 62

第四章　大数据时代大学生思想教育路径革新——思维的转变 ········· 77

　　第一节　互联网思维的形成、特征及其种类 ········· 77

　　第二节　互联网思维的大学生思想和行为引导的目标、理念和原则 ········· 90

　　第三节　基于互联网思维的大学生思想和行为引导系统的构建 ·········101

第五章　大数据时代大学生思想教育路径革新——教育平台的建设 ········· 125

　　第一节　大数据时代大学生思想教育课程平台建设 ·········125

第二节　大数据时代大学生思想教育官方平台建设 ·························130

第三节　大数据时代大学生思想教育高校 SNS 平台建设 ···················138

参考文献··· **144**

第一章 大数据与大学生思想政治教育的内涵

第一节 大数据的内涵阐释

一、大数据的定义

数据与人们的生活密切相关，并被看作是科学研究的参数之一。由于科学技术的限制，以往的数据也只能对客观事物进行记录与分析，且这种记录又表现为零散不成系统、量少结构单一、持续存储时间短、分析不全面、不及时等弊端和缺陷，更是难以对人们的思想、性格、爱好等主观事物进行数据的采集、存储乃至分析处理。因此，人们一贯将以前人类在实践过程中记录下来的数据信息以及处理手段和方式受限的时代称为"小数据时代"。随着社会和时代的进步，尤其是信息和智能技术的发展、互联网和智能终端的普及、云计算技术的出现和提升，以往难以客观化、数据化的人类精神世界也变得像客观物质世界一样可以用数据来进行客观描述和认识，人类社会开始进入所谓的大数据时代。

大数据并不仅仅表现为结构和数量上的巨大，以及数据处理技术的先进，更是一种如何看待客观事物的思维方式。基于此，可将大数据内涵确定为：某主体（人或者客观事件）在网络空间范围内运动形成的一系列仅依靠传统软件难以处理的海量化数据信息集合以及能对其进行搜集、储存、加工、分析、处理并科学预测该主体未来一段时期内运动趋势的新技术、手段、方法乃至思维方式的总和。因此，大数据的基础是数据，即掌握和获取海量的数据；关键是技术，即大数据获取、挖掘、分析、预测、运用的方法与手段；核心是预测，即在掌握海量数据和大数据相关技术的基础和前提下，推断事物的发展趋势，这包括人们的思想与行为的预测；其本质和深远影响是思维方式的变革，即在大数据技术利用的过程中人们逐渐形成的数据化、客观化、整体化、复杂化等思维方式。从对大数据相关内涵的理解中可以看出，大数据时代，将大数据的技术和思维方式嵌入获取、分析、预测教育对象思想和行为的方法之中，并充分运用于思想政治教育具体实施方法中引起其发生明显而深刻的变革、优化并催生新的方式是可以预见的。

二、大数据的特点

通过对大数据定义的分析，结合相关资料，总结出大数据的特点如下：

（一）海量性（Volume）

Volume（容量）是指大数据巨大的数据量与数据的完整性。大数据的规模尚是一个不断变化的指标，单一数据集的规模范围从几十 TB 到数 PB 不等。简而言之，存储 1 PB 数据将需要两万台配备 50GB 硬盘的个人电脑。此外，各种意想不到的来源都能产生数据。

导致数据规模激增的原因有很多。首先是随着互联网络的广泛应用，使用网络的人、企业、机构增多，数据获取、分享变得相对容易。以前，只有少量的机构可以通过调查、取样的方法获取数据，同时发布数据的机构数量也很有限，人们难以在短期内获取大量的数据，而现在用户可以通过网络非常方便的获取数据，同时用户有意的分享和无意的点击、浏览都可以快速地提供大量数据。其次是随着各种传感器数据获取能力的大幅提高，人们获取的数据越来越接近事物本原，描述同一事物的数据量激增。早期的单位化数据是对原始事物进行了一定程度的抽象，数据维度低，数据类型简单，多采用表格的形式来收集、存储、整理，数据的单位、量纲和意义基本统一，存储、处理的只是数值而已，因此数据量有限，增长速度慢。而随着数据应用的发展，数据维度越来越高，描述相同事物所需的数据量越来越大。以当前最为普遍的网络数据为例，早期网络上的数据以文本和一维的音频为主，维度低，单位数据量小。近年来，图像、视频等二维数据大规模涌现，而随着三维扫描设备以及 Kinect 等动作捕捉设备的普及，数据越来越接近真实的世界，数据的描述能力不断增强，而数据量本身必将以几何级数增长。

数据量大还体现在人们处理数据的方法和理念发生了根本的改变。早期，人们对事物的认知受限于获取、分析数据的能力，一直利用采样的方法，以少量的数据来近似地描述事物的全貌，样本的数量可以根据数据获取、处理能力来设定。不管事物多么复杂，通过采样得到部分样本，数据规模变小，就可以利用当时的技术手段来进行数据管理和分析，如何通过正确的采样方法以最小的数据量尽可能分析整体属性成了当时的重要问题。随着技术的发展，样本数目逐渐逼近原始的总体数据，且在某些特定的应用领域，采样数据可能远不能描述整个事物，可能丢掉大量重要细节，甚至可能得到与事实完全相反的结论，因此，当今有直接处理所有数据而不是只考虑采样数据的趋势。使用所有的数据可以带来更高的精确性，用更多的细节来解释事物属性，同时必然使得要处理的数据量显著增多。

（二）多样性（Variety）

数据类型繁多，复杂多变是大数据的重要特性。以往的数据尽管数量庞大，但通常是事先定义好的结构化数据。结构化数据是将事物向便于人类和计算机存储、处理、查询的方向抽象化的结果，结构化在抽象的过程中会忽略一些在特定的应用下可以不考虑的细节，只是对有用的信息进行抽取。处理此类结构化数据，只需事先分析好数据的意义以及数据间的相关属性，构造表结构来表示数据的属性，数据都以表格的形式保存在数据库中，数据格式统一，以后不管再产生多少数据，只需根据其属性，将数据存储在合适的位置，就可以方便地处理、查询，一般不需要为新增的数据显著地更改数据聚集、处理、查询方法，限制数据处理能力的只是运算速度和存储空间。这种关注结构化信息，强调大众化、标准化的属性使得处理传统数据的复杂程度一般呈线性增长，新增的数据可以通过常规的技术手段处理。

然而伴随着互联网络与传感器的飞速发展，非结构化数据大量涌现，而非结构化数据没有统一的结构属性，难以用表结构来表示，在记录数据数值的同时还需要存储数据的结构，增加了数据存储、处理的难度。而时下在网络上流动着的数据大部分都是非结构化数据，人们上网不只是看看新闻和发送文字邮件，还会上传下载照片、视频，发送微博等。同时遍及工作、生活中各个角落的传感器也不断地产生各种半结构化、非结构化数据。像这些结构复杂、种类多样、规模巨大的半结构化、非结构化数据逐渐成为主流数据。在数据量激增的同时，新的数据类型层出不穷，已经很难用一种或几种规定的模式来表现日趋复杂、多样的数据形式，这样的数据已经不能用传统的数据库表格来整齐地排列、表示。大数据正是在这样的背景下产生的，大数据与传统数据处理最大的不同就是重点关注非结构化信息，大数据关注包含大量细节信息的非结构化数据，强调小众化、体验化的特性使得传统的数据处理方式面临巨大的挑战。

（三）价值性（Value）

价值（Value）是指通过分析数据获得洞察力和价值，这是数据最重要的特征。数据的意义就在于发现价值、挖掘价值并为人们所用。目前人们最关切并且讨论最多的就是数据的意义，数据只是客体，一旦离开主体的意义，就会事与愿违。大数据好还是不好，判断标准要看意义的有无：有意义的数据是智慧的，没有意义的数据只是数字。

其实，大数据时代并不存在所谓的数据垃圾，不能只看到现在的利用价值而否定存在未来价值的可能性。数据就像钻石矿一样神奇，在挖掘到首要价值之后仍能为人类带来更大的价值。所以，数据的价值不是仅考虑眼前的用途而忽略了未来可能被使用的各种方式，而是将它最基本的用途转变为未来的潜在用途。换言之，数据的价值是其所有可能用途的总和，即数据的"潜在价值"。数据的真实价值就如同漂浮在大海中的冰山，第一眼看到的仅是一角，而大部分价值则埋藏在表面之下。不可否认，在大数据时代产生的数据是海量的，但价值密度却远远不及传统关系型数据库中已有的数据。如何从庞大的数据里迅速挖掘出有价值的数据，是大数据时代给我们提出的重要课题。

（四）时效性（Velocity）

时效性（Velocity）是指海量数据在大数据技术的帮助下，处理速度更快，更快地满足实时性需求，遵循"1秒定律"，在本质上不同于传统的数据挖掘技术。传统媒体不仅有固定的传播周期，而且信息的生产与传播周期较长。新兴媒体的诞生，比如数字广播、移动电视、手机短信、触摸媒体等的出现，尤其是互联网的产生，使新鲜信息快速生产与传播，而且技术的变革使数据可以存储于网络或云端中，方便人们随时搜索、下载和利用。比如我们在百度输入一条查询信息，虽然后台必须经过大量计算迅速呈现，但是我们可以在一秒内看到结果，而不是等了一小时才看到结果。

要求数据的快速处理，是大数据区别于传统海量数据处理的重要特性之一。随着各种传感器和互联网络等信息获取、传播技术的飞速普及发展，数据的产生、发布越来越容易，产生数据的途径增多，个人甚至成了数据产生的主体之一。数据呈爆炸的形式快速增长，新数据不断涌现，快速增长的数据量要求数据处理的速度也要相应提升，才能使得大量的数据得到有效地利用，否则不断激增的数据不但不能为解决问题带来优势，反而成了快速解决问题的负担。同时，数据不是静止不动的，而是在互联网络中不断流动的，且通常这样的数据的价值是随着时间的推移而迅速降低的，如果数据未能及时得到有效的处理就失去了价值，大量的数据就没有意义。

此外，在许多应用中要求能够实时处理新增的大量数据，比如大量在线交互的电子商务应用就具有很强的时效性。大数据以数据流的形式产生，快速流动、迅速消失，且数据流量通常不是平稳的，会在某些特定的时段突然激增，数据的涌现特征明显，而用户对于数据的响应时间通常非常敏感。心理学实验证实，从用户体验的角度来看，用户可以容忍的最大极限可能只停留于瞬间（通常是指3秒钟），对于大数据应用而言，很多情况下都必须要在1秒钟或者瞬间内形成结果，否则处理结果就是过时和无效的。在这种情况下，大数据要求快速、持续的实时处理。对不断激增的海量数据的实时处理要求，是大数据与传统海量数据处理技术的关键差别之一。

三、大数据的分类

依据数字集合的结构状态，大数据可分为结构化数据、半结构化数据和非结构化数据三类。结构化的数据是指具有数据结构描述信息的数据，可以用固定模型来表示，包括预定义数据类型、格式和结构的数据。非结构化的数据是不方便用固定结构来表现的数据，通常将其保存成不同类型的文档。处于结构化数据和无结构的数据之间，具有可识别的模式并可以解析的文本数据文件称为半结构化的数据。

依据数据的应用类型，也可将大数据分为海量交易数据、海量交互数据和海量处理数据三类。海量交易数据主要指 ERP 应用程序到数据仓库应用程序的在线交易处理，海量交互数据的来源主要为社交媒体数据的构成，海量处理数据是指基于大数据的涌现处理数据密集型的架构。

四、思想政治教育中的大数据内涵

对思想政治教育工作而言，仅仅看到大数据的技术特征是不够的。我们认为思想政治教育大数据是一种"资源—技术—社会"三元一体化现象，它是以大数据资源为原材料，以智慧化技术手段为媒介，在思想政治教育的大数据理论指引下，由教育主体和教育客体的大数据思想政治教育实践所引起的一种社会性变革现象。我们可以从资源、方法、理论和实践四个要素及其互动来进行理解：

（一）大数据构成思想政治教育的资源

思想政治大数据资源是在全员、全程、全方位育人格局下，所有可以利用的与思想政治教育相关的数据和素材的集合。它既包括智慧教育环境下所产生的数据，也包含可以访问到的网络数据资源，以及可以运用于思想政治教育的精品素材等。

（二）大数据形成思想政治教育的方法

思想政治大数据方法是大数据技术在思想政治教育领域中应用所形成的新方法。它将大数据技术（大数据集成、检索、分析、挖掘和呈现等）嵌入思想政治教育全过程，形成基于大数据的思想信息获取方法、思想信息分析方法、决策方法，以及以大数据为媒介的思想教育实施方法、采用大数据手段的信息反馈和调节评估方法等，从而形成基于大数据的思想政治教育方法体系，为思想政治教育工作提供新思路和新手段。

（三）大数据创新思想政治教育的理论

思想政治教育的大数据理论是思想政治教育理论在大数据时代的新发展。它融合思想政治教育的艺术性和科学性，以定量化和自动化为显著特征。具体表现在：以量化的方式记录思想政治教育的主客体活动，以自动化手段获取、分析思想政治教育信息，形成思想政治教育的科学化决策并加以实施，进而对思想政治活动的实施进行大数据评估和调节，从大数据中发现思想政治教育的新规律、新特点，形成大数据时代思想政治教育的新理论。

（四）大数据构筑思想政治教育的实践

从政治高度出发，以思想政治教育的目标为指导，规划和设计大数据思想政治教育实施路径，践行大数据支撑下的思想政治教育活动，同时对学生思想政治教育的组织架构、工作流程和管理机制等进行调整和再设计，形成大数据条件下的思想政治教育体系，以顺应大数据思想政治教育的时代需求。这里强调大数据对思想政治教育实践活动和整个思想政治教育体系的影响力。

综合上述四大要素，资源是基础，方法是途径，理论为升华，实践为落实。它们共同构筑成大数据思想政治教育的一个整体。

第二节 大学生思想政治教育的内涵分析

大学生思想政治教育是指教育者按照我国社会发展要求和大学生思想、品德和心理等规律，用一定的政治观点、思想观念、社会规范，对大学生施加有目的、有计划、有组织的教育影响，帮助他们形成符合我国社会所要求的思想政治品德的社会实践活动。分析大学生思想政治教育的内涵，有助于其与大数据的有机结合，提升教育质量。

一、大数据时代大学生思想政治教育的理论基础

（一）人的全面发展理论

关于人的全面发展的内涵，马克思认为主要包括三方面内容：第一，人的体力全面发展；第二，人的智力全面发展；第三，个人社会关系全面发展。思想政治教育的最高目的，在于促进人的自由而全面发展。

大学生思想政治教育的对象是高校学生，必须通过调动学生的积极性、创造性和主动

性来实现其全面发展。第一，人的全面发展理论是大学生思想政治教育理论基础的重要组成部分。大数据具有数据量大、数据处理速度快等特征，使得师生之间的交往空间无限增大、交往方式层出不穷。但面对良莠不齐的数据时，大学生受到的负面影响会大幅度提高，由此造成意识变得负面消极，行为模式倒退和封闭。因此，大学生思想政治教育的主体要利用大数据技术，重视人的全面发展理论，引导学生自我价值和社会价值的实现。第二，人的全面发展理论能够促进大数据时代大学生思想政治教育者和教育对象的发展。大数据时代为高校师生提供了自由、平等的数据交流平台，使得大学生思想政治教育者少了些威严"死板"，多了些亲切和善与平易近人，也使得大学生个人的潜能在数据交流的平台下能够得到完美的激发。但由于大学生的思想和观念并没有达到成熟阶段，对于数据的选择以及分析还是会有一定的偏差，这就导致了小部分学生会在思想上走极端、在行为模式上不断出轨。因此，制定符合大学生自身发展规律的计划措施，促进大学生的全面成长是高校思想政治教育的最终目标。

（二）社会学习理论

美国心理学家阿尔伯特·班杜拉于 20 世纪 70 年代最早提出了社会学习理论。该理论解释了人如何在社会环境中学习、形成发展自我的个性，重视人与环境的相互作用；探讨了个人的认知、行为与环境因素三者及其交互作用对人类行为的影响。

对于当代大学生来说，大数据时代造就了一个新的社会环境，而大学生思想政治教育工作者如何充分利用好大数据的优势，形成最优化最有利于大学生成长的环境，是值得深入思考的。大学生群体作为一个特殊的社会群体，特别是对当代 00 后大学生来说，一切事物都是新奇且充满诱惑的，这个群体有他们独有的个性特征。对于处在大数据成长环境里的大学生，思想政治教育者应充分利用大数据技术的积极影响，引导其树立正确的三观，帮助他们更好的发展其个性。

（三）教育信息化理论

教育信息化的概念是在 20 世纪 90 年代伴随着信息高速公路的兴建而提出来的。尽管这一概念已在我国广泛使用，但目前对于其内涵众说纷纭，还没有形成一个统一的定义。

教育信息化是信息技术在教育中有效应用的一个过程，该过程高度重视以信息的观点对教育系统进行信息分析。在基础设施方面，侧重于计算机、投影仪及其相关辅助设备与各种网络基础设施的建设；在教学管理方面，力图实现自动化的管理方式；在技术操作方面，主要是运用计算机技术和远程通信技术；在资源储备方面，主要包括数字化的图书馆、各级各类教育网站等；在相关人员方面，重视教师与学生信息化态度与信息素养的培养。

当前，大数据是信息技术发展的又一高峰，而大数据与教育的结合正是基于教育信息化进程的推进，大数据对我国高等教育发展的推动作用正是源于教育信息化对教育各层次的影响和变革。大学生思想政治教育作为我国高等教育的重要组成部分，其教育理念、教育模式、教育机制都必须要借助于信息技术的力量，以此实现大学生思想政治教育信息化。

高校思想政治教育研究者和实践工作者应该树立思想政治教育信息化观念，努力提升自身信息化水平，充分利用大数据技术，构建"大数据 + 思想政治教育"的实践模式。通过大数据技术手段，把理论的、文本的思想政治内容以喜闻乐见、易于接受的信息符号影响受教育者，从而提高大学生思想政治教育的实效性。

（四）把关人理论

把关人理论最早由美国社会心理学家库尔特·卢因提出。通俗地说，把关人理论指的是："在大众传播过程中，有一个负责搜集、过滤、处理传播信息的'把关人'，这种行为称之为把关。"

在大数据背景之下，大学生思想政治教育工作者充当了数据信息的把关人，教育者通过多种渠道搜集出大量相关数据，并从大量数据中筛选出负面的信息数据，经过精细地处理和分析，那些准确有效的信息被认为是有价值的具有指导意义的信息，将会被保留下来，而那些无用的数据信息则被剔除直至慢慢消失。大学生思想政治教育者可以充分利用这些已被精心处理过的数据信息来指导思想政治教育实践工作，引导大学生朝正确的方向发展。

二、大数据时代大学生思想政治教育的理念与原则

（一）大数据时代大学生思想政治教育的理念

1.量化图式理念

量化图式理念就是把受教育者思想行为以数据方式进行汇集，整合不同领域数据，根据评估体系对个体或群体进行可视化的精准图示。大数据时代开启了研究以"人"为核心的"镜像世界"，人的网络言论行为是现实世界人际交往和思想行为的反映，能够以可视化的"镜像"方式展现出人的精神世界和客观世界。古希腊哲学家毕达哥拉斯提出了"数是万物的本原"的理念，将数据提高到本体论高度。在大数据时代，数据成为客观世界，乃至人的精神世界的表征和"尺度"，实现了世界的数据化。我们提出"数字是人的尺度"的论断，学生的日常学习、交往、生活等不同领域的行为轨迹以数据化方式集成整合，对数据进行科学量化，最终以可视化的彩色图形、图标、曲线等方式勾画出大学生关注的社

会热点排序、思想行为特点、教学质量走势等，从而形成受教育者的整体思想素质的评估和预测，并为高校思想政治教育工作决策科学化、教学质量评价客观化、监督制约过程化提供了重要的实证性支撑。

2. 个性化教育理念

个性化教育理念指根据数据分析结论和思想行为的可视化"描述"，针对不同教育对象采用相应教育对策的教育过程。大数据以种类丰富、质量高端、免费共享等教育资源优势，开启了个性化教育的新时代。大数据的价值，不仅仅在于数据搜集、挖掘和分析，更重要的是基于数据分析对特定学生群体或个别学生提供适合其思想需求特点的个性化教育公共产品。对此，一方面教师根据数据呈现的问题，针对性地对学生群体或个别学生进行以讲座、座谈、社会实践、观看影视等为主要形式的教育辅导；另一方面学生根据数据分析结论，开展自主性学习，基于多样性、共享性和互动性的网络教育资源，根据自身知识状况、能力水平，自主选择多样学习方式并完成学习目标，如学生可以通过国内外"慕课"方式，开展个人自主网络学习或自组学习团队共同研讨学习，从而激发学生自主学习的兴趣和激情，提高学生个性化学习的动力和效果。

3. 精准研判理念

精准研判理念是指基于动态数据分析和关键热词评估，对学生的舆论舆情、思想行为的发展趋势能够做出准确的预测判断。在大数据时代，由于获取的是全体学生的相关数据，因而不会受局部错误或个体差异的干扰，能够准确把握相关因素的客观性、实证性的内在关系，从而做出精准关系判断。对思想政治教育而言，根据大学生在学习、生活、社会交往等方面呈现出的数据（包括网络行为、消费行为、宿舍门禁行为、图书馆学习行为等），能够基于数据相关关系，对学生思想行为进行整体性、全面性数据评估，判断出近期学生的舆情动态、思想状态、价值导向、心理预警等，从而为做出有针对性的舆情对策、思想教育或心理干预提供科学依据。

（二）大数据时代大学生思想政治教育的原则

1. 可视化原则

可视化原则指基于一体化数据库的不同需求分析，学生思想行为能够以图表、曲线等方式具体呈现。根据不同的需求，基于不同的大数据运算方法，利用大数据分析技术，挖掘出具有潜在价值的信息，对学生进行全面精准的画像，并以简洁明了的方式呈现给各职能部门，帮助高校思想政治教育工作者全方位认识学生，更好地把握学生动态，了解学生，更好地在学业和思想上引导学生，帮助职能部门更好地管理校园、服务于学生。

2. 个性化原则

个性化原则指根据数据分析结论，对不同类别的对象施以不同的教育方式。与传统思想政治教育理论课面向全体学生、统一评判标准和注重整体质量相比，大数据思想政治教育能够有根据地解析出学生的思想行为特点，对学生或学生群体进行"精准画像"，并以此为基础对个体学生或学生群体进行针对性的分类教育。如根据数据呈现的不同年级学生所关注社会热点、理论困惑等的差异，根据不同群体的爱好特点，开展分众化的、有针对性的思想政治教育。

3. 即时性原则

即时性原则指基于学生思想行为数据的动态分析，且能够根据数据公式，即时呈现当前学生思想行为的基本态势。与传统思想政治教育课堂教学偏重单向度知识传授，不注重及时了解教学效果反馈和学生思想动态相比，大数据思想政治教育能够通过系统性网络平台数据分析，迅速地了解和抓取学生的课堂评价、学生关注偏向、社会热点、思想困惑等问题，形成即时图式，呈现出思想政治教育从效果、形式到学生关注热点的排序。在实践教学中，根据最新数据分析结论，及时调整教学进程、教学重点或开展针对性课堂研讨、专题讲座、社会实践调查等活动，以这些方式化解学生思想行为存在的问题。

三、大数据时代大学生思想政治教育的特征

大数据时代，传统的大学生思想政治教育受到巨大冲击，大学生的思想政治教育工作面临着挑战和考验，教育工作者的教学模式、思维路径和主导意识都需要重新做出认识和调整。因此，深刻理解大数据时代大学生思想政治教育的特征，有利于顺应时代发展潮流，识别和洞悉大数据时代下大学生思想政治教育工作面临的挑战，牢牢抓住大数据带来的机遇，并在此基础上探索、找出高校大数据思想政治教育新策略。这是大数据时代背景下高校进行大学生思想政治教育的必要工作之一。大数据时代大学生思想政治教育的特征如下：

（一）全面化

与传统的大学生思想政治教育模式相比，大数据时代大学生思想政治教育模式涉及的知识面更宽泛和全面。主要表现为两个方面：

一是大数据时代大学生思想政治教育的调查对象不再来自随机样本，采集的信息也不再是部分学生的少数样本数据，而是全体高校大学生的全部数据信息，通过利用已掌握的全部数据，对大学生思想政治教育进行分析，能够准确分析所有高校大学生的思想动态和行为特征。摒弃了以往所依赖的问卷和访谈等调查，即通过一系列的记录、储存、分析等

获得部分样本数据，以此来得出涵盖全部个体的结论。

二是大数据分析方法得出的数据更为客观真实。传统的调查是在已知的情况下进行，不能完全反映高校大学生真正的思想和状态。而大数据分析方法是在大学生完全不知情或是没有察觉的情况下获得数据，获悉所有大学生的思想动态和行为走向的同时，能够掌握他们最自然、最真实的状态，获得准确的研究指标数据，并在此基础上进行探讨和分析，最终得出更有说服力的较为客观的结论。

（二）繁杂化

大数据时代背景下，能够获取反映大学生思想状态的所有数据已成为不争的事实。然而，在所有数据的海量信息中难免存在很多不准确的、混乱的、无用的甚至是错误的信息，这繁杂和无关的信息不可避免地会同所要研究的指标数据信息一起被存放于信息采集库。因此，大数据时代大学生思想政治教育工作者要提高对繁杂信息的识别与甄选能力，并客观理性地对待研究对象之外的信息。当代大学生个性化特征较为明显，每个大学生都有其独特的思想和行为走向，这就要求大学生思想政治教育工作者及早培养数据意识，善于运用混杂的数据信息深入探索高校大学生的个性化思想与特征，并在纷繁的数据信息基础上开展大学生个性化与差别化的思想政治教育工作。

（三）数据化

大数据时代大学生思想政治教育最显著的特点就是用数据说话，即把思想政治教育研究的对象、范围和内容用不同的方法从不同的地方提取出来，转变为易于分析的量化形式。利用大数据技术对大学生思想政治教育进行信息数据量化处理通常有以下三种途径：

第一，文字数据化。通过对大学生在各大网络信息平台撰写的文章、发表的评论以及搜寻和常用的流行词等进行文本研究，据此分析大学生的思维动态和发展方向。

第二，方位数据化。通过对大学生所在位置的定位进行分析，可以明确大学生在日常生活中的主要去向，是在图书馆、宿舍，还是体育馆等其他场所。据此预测大学生将来的行为走向。

第三，交流信息数据化。微博、微信、QQ和各大论坛已成为大学生日常生活中不可或缺的交流工具，对大学生借助这些平台表达想法、获取安慰、寻求所遇问题的解决办法等行为进行分析，可以找出思想波动较大的群体，进而开展有针对性的思想政治教育工作。

第三节 大数据时代大学生思想政治教育的必要性

由于大数据在各领域的广泛应用以及大数据技术的日益成熟，将大数据应用于大学生思想政治教育既有其可能性，同时也十分必要。

大数据思维具有的开放性、全面性、即时性等特征，符合新时期大学生思想政治教育创新与发展的要求。同时，大学生思想政治教育面临的新的发展任务和新的社会环境，也需要大数据的技术和理念来解决。二者结合的可能性与必要性是大数据时代下的大学生思想政治教育现实需要。

一、大数据应用于大学生思想政治教育的可能性

（一）校园网的迅速发展

大学生上网成本的降低，同时，校园无线网络的全面覆盖使得大学生上网更加便捷。其次，智能手机、平板电脑等上网终端设备在大学生中的广泛应用，也方便了大学生上网。随着网络资费与移动上网终端设备价格的下降，大学生上网不受地域限制，因此，他们上网时长也随之延长。以前，网络世界是虚拟世界的代表，上网时间的长短并不能表现学生的思想行为。随着时代的发展，互联网越来越深入真实生活，人们越来越习惯在网络上使用真实身份，维持真实的社会关系，分享真实的生活轨迹。互联网不再是虚拟世界的代表，而是我们现实社会的一部分。这使得网站的创立者能够更准确地掌握用户的各种信息。当前每个大学生平均每天在网上花费的时间超过三个小时，他们在网上互动获取信息的同时也留下了印记，产生了不少鲜活的数据，这些产生的数据就是他们真实生活的写照，对这些数据进行整合挖掘，能够反映出学生平常的生活状况和他们的思想心理状况。

（二）新媒体的广泛应用

随着互联网技术的不断创新，去中心化、开放、共享变成互联网的显著特征。在互联网模式下，用户可以不受时间和地域限制的分享各种观点，用户也可以自己发布观点，可以在网上建立、分享他们的社会关系和兴趣爱好进而展示个性。大学生思想开放，易于接受新知识，同时也积极表达自己的观点，张扬个性，新媒体平台正好为大学生表达思想提供了便利，从而在大学生中受到欢迎。同时，各高校也建立了富有本校特色的微信公众平

台、抖音平台，定期推送消息。利用大数据技术，腾讯公司又对微信做了改进，利用微信公众平台可以对公众号文章进行数据统计。管理者可以通过用户分析模块了解到账号的使用用户的增长情况及用户各种信息，通过图文分析，管理者可以发现这篇文章被多少微信用户浏览以及有多少用户分享或者转发了本篇文章。通过对用户的分析和图文分析，可以看出哪类信息受到关注的程度较高。将学生的阅读兴趣转化为数据，成为大数据分析的资料来源。同时，以兴趣为聚合点的社群也在大学生中兴起，因为大学生，对各种事情抱有很大的热情，容易参与进来，社群是基于兴趣而参与的，一般来说，用户能够保持比较高的忠诚度。这种开放共享的新媒体平台受到大学生热捧，抖音、微信、微博、小红书成了热门平台，他们参与讨论、分享、评论的频率很高，从大学生参与的状况中可以了解到他们对于各种社会舆论的看法，利用大数据技术对这些信息进行整理分析，就能预测他们对相关问题看法的整体趋势及倾向。

（三）大数据技术的逐渐成熟

大数据的技术也在日渐成熟，大数据的存储、挖掘、可视化技术不断进步，越来越多的企业开始使用 Hadoop 平台处理大数据，并对其整合功能的利用不断加深。同时，对数据安全、数据隐私的保护技术越来越完善。在大数据分析处理技术之前，IT 公司经常要对公司数据进行筛选以便用户查询和分析；现在，各种大数据分析工具既方便用户查询分析数据，又能避免泄露机密。

二、大数据应用于大学生思想政治教育的必要性

（一）思想政治教育学科的开放性、社会性

思想政治教育是指社会或社会群体用一定的思想观念、政治观点、道德规范对其成员施加有目的、有计划、有组织的影响，使他们形成符合一定社会、一定阶级所需要的思想品德的社会实践活动。思想政治教育的内容与形式是随着社会历史条件的发展而不断发生变化的，因此，思想政治教育具有社会性特点。当前我国处于全面深化改革的新时期，面临国际国内复杂的社会环境，思想政治教育也面临新任务。如何根据变化了的社会环境积极调整工作思路和方法，需要适应发展的潮流，紧密联系社会实际。社会环境瞬息万变，传统的思想政治教育方法往往是事后调节，相对滞后，大数据具有即时性的特点，能够快速即时反映学生的思想心理状况。同时，思想政治教育具有开放性的特征，思想政治教育不是一成不变的理论，而是具有开放性的，是不断吸收和借鉴新理论新方法，并在实践中不断发展的。大数据作为一种新的思维与研究方法，与大学生思想政治教育相结合，有助

于思想政治教育学科的创新与发展。

（二）思想政治教育过程的交互性

思想政治教育是教育者和教育对象相互交往的过程，是教育者将思想观念、政治观点、道德规范传授给受教育者，受教育者将其内化为自己的政治信仰、道德修养的过程。然而，这一过程并不是单向的灌输，而是根据受教育者的特点，对其不断启发、双向沟通的过程，最终实现人的全面发展。因此，教育者与受教育者之间的沟通交流在思想政治教育中显得尤为重要。传统的思想政治教育环境下教育者通过主题班会、个别谈话等方式实现交流，由于各种因素事物的干扰，教育者往往无法获得学生真实的思想情况，使得思想政治教育工作无的放矢。在新的历史条件下，微信、微博等新媒体应用于大学生思想政治教育中，高校微博微信公众平台的建设，既符合思想政治教育交互性特点要求，也能够以学生喜爱的方式进行思想政治教育，做到贴近实际、贴近生活、贴近学生，大大提高了思想政治教育的实效性。通过新媒体平台这一思想政治教育新载体，学生可以随时随地发表自己真实的意见想法，思想政治教育者也可以不受环境的制约，及时搜集反映学生思想动态的数据，加强与学生的沟通交流，为学生提供正确的世界观、人生观、价值观的指导，有助于思想政治教育工作的开展，同时，通过对学生在微信微博平台的浏览、转发、评论、点赞等线上交流所产生的数据信息利用大数据技术整理分析，能够准确研判学生的思想政治状况。

（三）思想政治教育对象的复杂性

首先，思想政治教育对象人数众多，随着高等教育的扩招，全国各类高等教育在学总规模达到四千多万人。对如此庞大的群体进行思想政治教育需要充足的人力、财力和物力。其次，思想政治教育对象不但数量庞大，并且对其教育的内容复杂多样，不但要有对教育对象进行信仰教育、道德教育、关心学生的精神成长的整体性的教育，还要有关注学生的个性化、根据不同教育对象的特点有针对性地进行的思想政治教育，促进他们的全面发展。然而，当前高校的思想政治教育工作者人数有限，如何更好地完成对高校大学生的思想政治教育的任务，需要大数据技术的支撑。大数据可以通过分析海量数据之间的相关性关系，通过对相关关系的挖掘，节省对精确性、因果关系的追求所耗费的精力，有效解决思想政治教育工作者数量有限同教育任务繁重之间的矛盾。

三、大数据背景下高校思想政治教育创新的价值

其一，助力思想宣传工作，夯实育人基础。高等教育必须坚持正确政治方向，坚持不懈传播马克思主义科学理论。高校思想政治教育担负着我国思想宣传工作的重要职责，夯实育人是基础的重要手段。迈入新时代，高校思想政治教育进行思想宣传面临更为复杂的形势和更加巨大的挑战，需要采取与时俱进的方式着力提升思想宣传工作的水平和效果。首先，大数据时代的到来，使得海量的数据信息借助互联网呈现在人们面前，为高校思想政治教育进行思想宣传提供了新鲜素材，注入了"鲜度"和"热度"。融合大数据资源进行高校思想政治教育的创新，能够以丰富多元的信息资源改善高校思想政治教育思想宣传工作的单一性，以喜闻乐见的日常资源降低其思想宣传工作的枯燥性，以契合时代环境和舆论热点的数据资源改善其思想宣传工作理论与实际脱节、解疑释惑能力低下的局面，以深厚的文化信息资源来解决文化供需矛盾、凝聚力不强的态势等。其次，大数据作为一项先进的信息技术手段，可以对人的各类行为数据进行广泛搜集，并依据一定的算法和识别技术，进行智能推送。在网络成为青年学生的重要生存方式的时代，网络智能推送为他们提供了极为便捷的生活方式。同时也为高校思想政治教育改进思想宣传的方式方法提供了良好机遇，有助于增强其思想宣传工作的"精度"和"效度"，以更具针对性的宣传方式增强思想宣传工作的渗透性，以更为精准的宣传模式强化思想宣传工作的说服力，以更具吸引力的宣传路径提升思想宣传工作的感染力，从而提升思想宣传工作实效性。再次，大数据通过对海量数据的挖掘、集成、关联分析，得出不同事物和现象之间的相关关系。在支持度和置信度都很高的相关关系中，蕴含着巨大价值。对于高校思想政治教育而言，相关关系的揭示对于预测学生的行为动向极为有用，对思想宣传工作的部署和规划也十分有价值。借助大数据相关关系创新高校思想政治教育的思想宣传工作，在大数据揭示的强关联的指引下，有助于增强思想宣传工作的"深度"与"力度"，以更加科学的方式推动思想宣传工作的良性运行，从而降低以至规避高校思想宣传工作的盲目性和随机性。总之，思想宣传工作引领着高校发展的主方向和主旋律，是高校思想政治教育的"源头活水"。大数据以其资源优势、技术优势以及思维优势，在助力提升高校思想政治教育思想宣传工作的"鲜度"和"热度"，增强"精度"和"效度"，深化"深度"与"力度"方面意义重大。

其二，助力个性化教育实现，践行以人为本理念。践行"以人为本"，倾注"人文关怀"是高校思想政治教育的内在理念和发展准则。从党和国家历来出台的关于高校思想政治工

作的一系列相关文件和要求可以看出，"以人为本"的理念始终贯穿其中，而个性化的教育模式和方法是践行以人为本理念的重要途径。在新的时代境遇下，高校思想政治教育对象面临着更为多元的文化环境和更加复杂的生存形势，他们的主体性愈加凸显，需求也更加多样。整齐划一的教育内容和方式方法已经难以适应思想政治教育对象的时代变化，为更好地实现高校思想政治教育者和教育对象之间"培养"与"塑造"的关系，采取更加符合思想政治教育对象需求的个性化施教模式势在必行，而个性化模式的实施前提之一则是"知己知彼"。也就是说，既要筑牢高校思想政治教育者的理论功底，明确社会主义需要的人才，又要深入了解思想政治教育对象的现实需求，探索适合他们的教育方式，从而力求做到精准的教育投放，提高高校思想政治教育解决实际问题的能力，使其向着既能够教育人、引导人，又能够关心人、帮助人的教育模式转变。如果不从思想政治教育对象的角度去考虑问题，单纯地提供传统的、单一的、统一的内容和方法，其思想政治教育效果将会大打折扣。同样，伴随着大数据在我国的迅猛发展，高校思想政治教育借助大数据的深度挖掘和分析技术，能够呈现学生的"个性画像"，积极助推高校思想政治教育个性化教育的实现，从而践行"以人为本"的教育理念，达成高校思想政治教育精准、科学、高效的"育人"目标。

其三，助力先进技术和方法探寻，实现科学化决策。决策在整个高校思想政治教育过程中占据着十分重要的地位，它是人们从感性认识上升到理性认识，再从理性认识过渡到实践的重要活动。高校思想政治教育能否顺利开展，与决策的科学与否密切相关。因此，进行科学化决策是高校思想政治教育的重要一环。在传统的经验型决策方式下，获取决策信息的渠道，一是通过对部分的分解和认识来还原整体；二是通过抽样调研来代替全部。这两种获取信息的路径都具有一定的片面性和主观性，在第一种获取信息的方式中，整体并非部分的简单组合，认识了部分不等于认识了整体，存在机械性认知误区。通过第二种的抽样调研所获取的数据信息，无论是数据信息获取途径，还是数据信息的种类和数量都极为有限，个体性的差异并不能得到表征，这就不利于形成充分的决策依据，是一种缺乏科学性和民主性的决策方式，存在着诸多弊端，亟须改进。诚然，传统的高校思想政治教育决策在其所处的时代环境下发挥着重要的作用，指引着高校思想政治教育的有效进行。但是，大数据带来的开放、复杂、多变的环境，使传统决策方式面临新的考验，制定具有客观性、系统性、针对性、前瞻性的科学化决策成为大数据背景下对高校思想政治教育决策的新要求。高校思想政治教育通过融合大数据创新，能够借助大数据的数据化处理技术，有助于扩大决策者的信息源；借助云计算、大数据分析等技术可以在一定程度上避免决策的主观性；通过大数据挖掘和整合，将反映思想政治教育对象行为动态的所有数据进行收集，形成整体性的信息链，有助于制定系统性的谋划方略；通过大数据精准追踪技术，勾勒每一个人的"数据图像"和思想"变化曲线"，有助于强化高校思想政治教育决策的针对性；通过共时性数据信息的全面化收集和历时性数据信息的比较以及相关性方法的运用，有助于推进高校思想政治教育决策的前瞻性。总之，在大数据背景下进行高校思想政治教育创新，能够有效借助大数据优势，来提升高校思想政治教育决策的科学性。

第二章 大数据时代高校思想政治教育的新境遇与新挑战

第一节 大数据时代高校思想政治教育宏观环境变化

从系统论的视角来看，高校思想政治教育是社会发展这个复杂系统中的一个子系统，处于社会影响的大生态系统中。作为子系统，宏观社会环境的变化与发展无不以各种途径与方式无时无刻地影响着高校思想政治教育。大数据时代，是一个以数据为重要资源和资产的时代，基于大数据带来的变革性影响，人类社会宏观环境中的经济、文化等固有"态势"被重刷，确立了新的发展方向。大数据时代对整个经济、文化的影响，既是一个客观事实，又是高校思想政治教育发展面临的新的宏观形势。全面分析大数据对我国经济、文化的影响，是我们做好新形势下高校思想政治教育的基本前提。

一、"数字经济"成为经济发展新动能

在宏观社会大环境中，对高校思想政治教育发展影响最为深层和持续的因素是社会物质生活及其状况，即生产力状况。依据马克思主义的观点，生产力的发展制约着生产关系的形成。同时，生产关系的形成不是与生产力发展同步的，往往滞后于生产力的发展。当旧有的生产关系与新生的生产力不相容时，两者便会发生一定的矛盾，引发社会变革。而生产力的发展水平，与生产机器和技术水平以及他们的普及程度、产生的社会成就息息相关，从古代社会铁器的使用，到近代工业社会早期蒸汽机的推广，再到现代社会以微电子技术、计算机技术、软件技术、通信与网络技术等为标志的信息技术的广泛运用，显示了完全不同的生产力发展状况，每一个层次的生产力水平都造就了与之相匹配的不同的生产关系。大数据时代的到来，推动了信息技术的极大发展，对经济社会发展产生重大影响，更是掀起了通过互联网、物联网等实现交易、交流、合作数字化的"数字经济"的浪潮，极大地推动了我国社会经济的变革和生产力的发展，从而也变革了人们的生产了关系和交往形式，对人们的思想行为的变化产生莫大的影响。当前，"数字经济"已成为中国经济的重要组成部分。网络购物、移动支付、共享经济等数字经济新业态新模式蓬勃发展，愈

益成为推动经济发展的新引擎。数字经济将成为新常态下创新引领经济高质量发展的新动能和新引擎。

在数字经济的助推下，人们的行为轨迹和日常生活信息越来越成为社会发展的重要"资产"，人类的发展也由原子加工过程转变为信息加工处理过程。由此，数字经济也打破了人们交往的时空限制，人们获得了在时间、空间和社会关系等方面的独立性和自由性，思想观念以及生产生活方式被重塑。对于高校思想政治教育而言，数字经济带来的这些社会存在的变化，对其教育理念以及教育模式的选择产生着潜移默化的影响。总之，大数据背景下的数字经济发展模式，是当下推动经济转型的动力和未来经济发展的方向，极大地推动着我国生产力的发展，也为高校思想政治教育提供了新的经济环境，改变了其社会存在状况。

二、"数字化模式"成为社会发展新目标

随着大数据的兴起，基于大数据的社会研究和社会治理也成为热门话题，社会领域的发展变革了传统发展方式，逐渐形成"数字化"的发展新模式，大大提升了社会治理效率和质量，提高了社会治理现代化的程度。

大数据以其迅猛之势冲击着传统社会结构和状态，社会治理主体试图借助大数据技术的引入，通过对大数据的分析、预测来重构社会秩序，从而对社会治理产生重大影响。首先是在社会研究领域，大数据带来了良好的机遇。社会研究是进行社会治理的前提和基础，只有依据社会研究所得出的基本原理，才能更好地指导社会治理实践。在传统的社会研究中，所依据的数据不是实时动态的，而是基于研究者的研究设计对社会行为观测的结果，这些数据的真实性与研究对象对研究设计的反应密切相关，并且它是属于事后构拟的结果。所以，这些数据不但存在一定的主观性，而且存在一定的滞后性和误差。而大数据时代的来临，可以实现数据生成的主动性和数据收集的自动性，使社会研究所依赖的数据由拟态数据转变为实时数据，这就人人增强了数据的真实度和可靠性，实现了数据与行为的同步发生，有效避免了因滞后或者是延时观测所造成的误差，对增强社会研究的科学性提供了有效帮助，所以，大数据在社会研究领域的应用迅速普及。其次是在社会治理领域，大数据更是彰显出巨大的应用价值。社会治理主体积极探索充分利用大数据资源效能的途径和社会治理模式，借助数量日趋庞大、种类日趋多样的"云数据"，开发出"云治理"的新型治理模式，在传统社会治理模式基础上增加了虚拟治理、数据治理、流动治理、开放治理等内容。通过"云治理"，可以洞察民生需求，优化公共服务资源配置、拓展公共服务渠道、扩大公共服务范围、提高公共服务质量，提高社会治理的精准性和有效性。此外，

通过"云治理"也能有效调动社会力量参与社会治理的积极性、主动性和创造性。基于此，当前，依托大数据资源的"云治理"在医疗、教育、公共服务等社会治理方面得到不断的推广和应用。大数据在社会治理中的应用，大大提高了社会治理的精准性、预见性和高效性，是社会治理的必然趋势。

大数据在给社会领域带来巨大福利的同时，也带来了风险和挑战，诸如大数据利用不当所引发的社会矛盾和社会冲突。但是，不可否认的是，尽管风险与机遇同在，挑战与机会共存，"大数据分析""智能化治理""云治理"等社会研究与治理模式已是必然趋势。

三、"数据化生存"成为文化发展新生态

大数据对经济、政治和社会的影响必定会延伸至文化领域。步入大数据时代之后，原有的文化发展方式在大数据的影响下发生深刻变革，"数据化"的生存状态使得文化生产、文化传播、文化安全等方面的生态呈现新形势。首先，大数据时代的到来，改变了传统文化产业的运营模式和形态，为文化产业的发展提供了一条新路径。通过大数据分析，可以了解文化受众的兴趣，使得契合受众兴趣而为其提供定制方案成为可能，这就形成了"回归受众"本位的文化生产模式。这种文化生产模式能够根据海量数据分析的结果，了解受众的需求和喜好，了解文化流行趋势，在文化创意和生产上做出适时调整，从而优化产品创作流程；同时，基于大数据分析的文化生产模式，还可以确定用户的消费习惯和心理，提供个性化、差异化的文化产品，以提升文化产品的消费体验；此外，大数据还涵盖了消费者的情感体验数据，通过对这些数据的挖掘分析，文化企业可以窥探并顺应市场的时尚和审美发展趋势，从而延长文化产品的产业链。其次，在文化传播方面，大数据改变了既有的文化传播规则，借助大数据与新媒介的融合平台，文化传播的方式和途径得以拓宽。文化交流和传播呈现即时、共享、去中心化的特征。无论是中华文化的对外传播，还是外来文化的内向传播，其速度和效率都大大增强。再次，在文化安全方面，大数据时代的到来，在为文化领域的发展提供良好平台的同时，也极大地改变了文化发展的内外生态环境，为文化安全带来了一定的风险。在机遇和风险并存的生存环境中，文化领域的大数据应用已经是不争的事实。文化生产的数据化参照、文化传播的数据化路径、文化安全的数据风险无不在改变着传统的文化发展形势。

总之，大数据作为一种不断扩张的数据能力，在人类生产、生活和决策活动中日渐成为不可或缺的资源和重要依据。政治、经济、社会、文化等各个领域的发展都受到大数据的影响并积极融合大数据。这为高校思想政治教育营造了一种数字化的宏观环境和氛围，间接性地为高校思想政治教育融合大数据创新提供了客观前提。

第二节　大数据时代高校思想政治教育微观形势变革

大数据在为高校思想政治教育带来政治、经济、社会以及文化等宏观环境变化的同时，也为思想政治教育者、思想政治教育对象、思想政治教育载体以及思想政治教育环体等高校思想政治教育内部要素带来了显著变化，使高校思想政治教育微观形势发生深刻变革。微观形势的变革对高校思想政治教育的发展更具直接性、具象性的影响，也为高校思想政治教育融合大数据创新提供了最直接、有力的"证据"和推动力。

一、思想政治教育者主导方式"灵活化"

作为高校思想政治教育的发动者和实施者，高校思想政治教育者在思想政治教育过程中发挥着主导性的作用，这种主导作用表现在对思想政治教育对象的认知、对内容呈现方式的把握以及对环境资源的利用方面。由于受到各种主客观因素的限制，传统的主导方式较为单一和固化。随着大数据时代的到来，高校思想政治教育者的主导方式呈现出愈加"灵活化"的新态势。

首先，在对高校思想政治教育对象的认知上，大数据为其带来了更为灵活的方式。能够与思想政治教育对象直接接触，从而把握他们的特点和状况，以此来作为合理开展思想政治教育的依据，是高校思想政治教育者主导作用的首要体现。在传统认知方式中，主要是依托观察、谈话、体验以及调查等方式获取思想政治教育对象的信息，将其作为了解思想政治教育对象的依据，这种认知方式呈现出被动性、片面性等特征。基于思想政治教育对象主体意识的增强，思想呈现和情感表达的多元化、多渠道的现实境况，传统获取信息的方式虽然仍可以作为认知思想政治教育对象的方法之一，但难免会遭遇认知"瓶颈"。立足于大数据时代背景下，对思想政治教育对象信息获取的自动化、智能化、全面化成为可能，为高校思想政治教育者认知教育对象的方式带来了新的契机，使之突破传统单一、固化的认知方式，能够依托数据信息对教育对象采取更为多样和多元的认识方式。其次，思想政治教育内容呈现方式更为灵活。思想政治教育的内容如何呈现，与高校思想政治教育者密不可分，这也是其主导作用的重要体现。在统一性和规范性要求下呈现出的思想政治教育内容，往往过于政治化、知识化和理想化，与当代大学生的现实需求不相契合，难免会使传统高校思想政治教育缺乏生动性和渗透力。大数据时代的到来，为高校思想政治教育营造了一个不同于以往的开放的时空环境，海量的思想政治教育资源及其获取的即时性，使高校思想政治教育者能够以更为贴合社会发展形势和教育对象现实需求的方式呈现教育内容。在线学习、翻转课堂等新的教育模式，摆脱了传统思想政治教育单向灌输的弊端。大数据的超前预测功能，又为高校思想政治教育内容的呈现提供多种预案，高校可依据现实发展情况更为灵活地选择可行方案。再次，环境利用方面更为灵活。对思想政治教育环境的利用也是高校思想政治教育者主导作用的体现，在传统高校思想政治教育中，影响人的思想发展及其教育的环境因素主要是物质环境，高校思想政治教育者对环境的利用也主要是对物质环境的优化和开发。大数据开启了一个名副其实的信息时代，影响人的思想发展及教育的环境因素更为复杂，网络环境、文化环境、信息环境等环境要素亟待开发和利用。高校思想政治教育者对环境的利用突破了传统物质环境的局限，能够更为灵活地对其他各类环境进行开发和利用。

二、思想政治教育对象生存状态"数字化"

高校思想政治教育对象生存状态的改变，是高校思想政治教育变革的风向标和现实依据。大数据时代对高校思想政治教育对象的生存已经赋予的和可能赋予的意义，使其生存状态发生了新的变化，"数字化"生存成为思想政治教育对象面临的新形势。

首先，大数据时代的到来，进一步推动了高校思想政治教育对象交往形式的微型化发展。随着互联网的发展，人们的交往方式脱胎于传统的狭窄、封闭、现实的交往形式，开始超越时空的限制，形成一种纵横交错的互联网交往形式。中国互联网络信息中心（CNNIC）在京发布第 49 次《中国互联网络发展状况统计报告》显示，截至 2021 年 12 月，我国网民规模达 10.32 亿人，较 2020 年 12 月增长 4296 万人，互联网普及率达 73.0%。移动互联基础上出现的各种即时通信工具，又让人们的交往越来越微型化、生活化和魅力化。而随着人们对"微交网"需求的不断发展变化，简单的熟人之间的交流已不能满足人们的交往需求。大数据在"微交网"的介入，能让人更加清晰地了解自己的需求，使移动互联网的半虚拟化的交往模式更好地深入人们的生活。海量数据资源的呈现，可以让人们打破时空、身份的限制，最大化地满足人们"微交网"中的人际需求；多类型的数据资源对于满足不断变化的个体需求提供了可能，虚拟人际交往中的行动者具有高度的异质性，这种高度异质性的群体在大数据的助推下，在虚拟交往中越来越能够体会到现实交往甚至超越现实交往的需求的满足感；大数据的快速传播特质能够满足个体的实时需求，当个体的想法和观点需要与人共享时，迫切需要一种高效、快速的传输方式来满足即时通信的需求，而大数据正是满足这一交往需求的工具。因此，在大数据的有力助推下，高校思想政治教育对象作为社会群体的成员，其交往形式也愈来愈呈现在"微交网"之上，交往方式向着微型化方向发展。其次，大数据助推思想政治教育对象的学习方式发生了革命性的变化。学习，是一个意义内涵极为广泛的概念。从大数据时代人们获取知识资讯的方式来看，"刷屏"成为一种新的流行方式。"刷屏"是阅读方式的一种，它体现了阅读内容载体的变革。新一代信息技术的发展，使阅读内容不再固定在书籍和纸张之上，而是展现在屏幕上。随着大数据时代的到来，使智能终端所带来的网络互连的移动化和泛在化、信息处理的集中化和大数据化、信息服务的智能化和个性化无限地放大和发展，让世界在屏幕上更加清晰、完整地展现出来，越来越多的人成为"屏幕之民"，刷屏现象成为人们获取知识资讯的新常态。从大数据时代人们的学习习惯和学习方式来看，大数据营造了一种新的学习环境，进而改变了个体的学习习惯。基于大数据开放、共享、可分析、可量化的特征，自适应学习技术、移动学习、物联网、人工智能等新兴技术被教育领域所采纳和应用，大量的网络课程发布在互联网上，产生了海量化、智能化的学习资源，大大增强了人们自由选择自主学习方式的可能性。人们改变了传统单纯通过教师和教材进行学习的狭隘方式，通过触手可及的智能终端、随时随地的学习空间和无处不在的学习资源来进行即时性、数字化的学习方式。高校思想政治教育对象作为时刻与学习为伍的群体，其学习方式更是受到大数据的深刻影响。再次，大数据变革了高校思想政治教育对象的生活方式。大数据时代使各种可穿戴智能设备得以普及和应用，高校思想政治教育对象作为这一新的信息技术的接受者，从运动、出行、医疗等生活的各个方面几乎都实现了数字化、智能化的改变，他们的行为数据时刻通过这些智能设备不断地生成、存储和保存，可以说，实现了从传统的个人隐私空间生存状态到时刻生活在大数据"监视"之下的转变。

三、思想政治教育载体"多元化"

在高校思想政治教育的构成要素中，载体作为搭建思想政治教育主客体之间"桥梁"、促进其相互作用的一种活动形式和物质实体，占据着十分重要的位置。载体的形式不同，传递思想政治教育内容的效果就会不同。高校思想政治教育载体的选择与时代发展环境密切相关，传统的高校思想政治教育载体主要依托思想理论课程、思想政治教育管理活动、思想政治教育校园活动以及有限的社会实践活动。随着信息化的发展，高校思想政治教育的内外环境发生了巨大的变化，创造更富时代性、更具吸引力的载体，是高校思想政治教育创新的题中之义。

在大数据背景下，高校思想政治教育载体逐渐呈现多元化的发展态势。首先，载体类型不断地朝着多元化方向发展。既有传统线下课程载体，又有大数据背景下线上课程载体的不断发展；既有传统的校园活动载体，又有大数据背景下的社会实践活动载体的不断充实；既有传统的管理载体，又有大数据时代的各类文化载体、科研载体、活动载体等。既有传统的报纸、期刊等实物载体，又有大数据时代的微博、微信等微媒体的发展；其次，同一类型的载体朝着多样化方向发展。如传统媒体开设自己的公众号，建立自己的门户网站，以及入驻当下流行的各类视频平台等，突破传统载体的时空限制，实现思想政治教育"线上"与"线下"的良性互动。再次，在大数据技术的助推下，相互分离、彼此孤立的传统思想政治教育载体逐渐形成合力，各类载体之间形成优势互补，能够有效弥补传统载体孤立发挥作用时的"力不从心"。最后，就大数据本身而言，也可以说是一种新兴载体形式。以数据化形式呈现的思想政治教育对象的各类资料、信息、行为，不仅蕴含着能够反映高校思想政治教育对象成长环境的基本个人信息及其与个人有关的家庭成员的信息，还包含着他们的日常学习和生活情况，以及他们发表的网络日志以及网络行为数据。这些数据是客观存在的实际，能够呈现出思想政治教育对象的各类思想变动及行为轨迹等信息，经过分析处理之后能够为高校思想政治教育者所运用，并能促进思想政治教育者和教育对象之间沟通交流的效果。对这些数据之间隐含的关系的挖掘和分析能够帮助思想政治教育者预测以前认为"难以捕捉"的教育对象的思想动向和行为走向。总之，大数据背景下，高校思想政治教育载体的这些新变化，呈现出"多元化"的发展态势。

四、思想政治教育环境"信息化"

校园环境的变化直接影响着高校思想政治教育的发展与变革。信息技术的发展是校园环境变化的重要依托，传统的校园环境由于缺乏信息技术的支持和信息发展理念的支撑，使得校园环境的营造缺乏时代活力和创新氛围，多显现出因循守旧的刻板和循规蹈矩的滞后性。信息化平台的缺失使高校思想政治教育的功能发挥具有严重的滞后性，导致其活力不足，极大地阻碍了高校思想政治教育实效性的发挥。随着大数据时代的到来以及国家大数据战略的实施，高校系统也深受影响，"智慧校园"的建设成为当前高校教育信息化发展的新主题。纵观各高校智慧化校园建设的实际，它包含对信息技术的高度融合、对信息化应用的深度整合、兼具网络化、信息化和智能化特征。虽然各个高校智慧化建设的侧重点不同，但基本上都涵盖了综合信息平台、一站式服务平台、校园网络环境、物联网技术等方面的内容。目前，大部分的高校都拥有基础的网络环境，并构建了能够支撑"智慧校园"的数据平台和相关子系统的服务器集群，形成统一的信息化管理系统，以及对互联网的广泛应用。"智慧校园"的建设，能够集信息汇集、资源共享、应用整合等为一体，并能够改变传统高校各部门、各学科、各系统之间的资源垄断或者信息孤岛局面，通过数据集成、资源共享等为教育教学和管理服务提供更为强大的支撑。"智慧校园"建设下的校园环境将产生丰富的数字化教学应用案例和大量的数字化教学资源，为高校思想政治教育营造了有别于传统校园环境的信息化环境。

合而观之，大数据背景下，高校思想政治教育者以及教育对象、教育载体、校园环境等这些微观形势都发生了新的变化。如果不顺应形势的变化而有所改变，高校思想政治教育就难以有效达成其育人目标。微观形势的变化也在更为直接的意义上促使高校思想政治教育融合大数据进行创新。

第三节　大数据时代高校思想政治教育者和教育
对象之间呈现新矛盾

大数据带来的新的时代境遇，表明了高校思想政治教育融合大数据创新有其紧迫性和必要性。然而，由于当前大数据对思想政治教育对象的影响程度与高校思想政治教育对大数据的应用及重视程度存在不平衡现象，从而也导致高校思想政治教育运行过程中思想政治教育者和教育对象之间出现了一系列新的矛盾问题。

一、思维固化与思维变化之间的矛盾

高校思想政治教育对象——青年学生处于思维活跃、勇于尝新的阶段，在互联网全球化发展、物联网广泛普及、智能化设备风靡的时代境遇下，他们获取信息的渠道和方式发生了全新的改变。作为互联网应用界的"主力军"，他们在获取自己感兴趣的信息资源的同时，受到大数据浪潮的冲击，不同的文化碰撞、多元的思想交融，为他们打开了思维拓展的大门。在面对新事物的时候，思想政治教育对象强调自我意识，具有思想自主性、自觉性和自为性。但是，囿于身心发展和人生阅历的不完善，他们在寻求自我意识和自我认同的同时，受各种社会思潮影响，明辨是非的能力仍有待强化，容易受到不良思想的左右。所以，对于思想政治教育对象而言，在自我建构的过程中，我国主流意识在思想政治教育对象思维观念里不是永恒的，尤其是在大数据时代环境下，他们的思维极具不稳定性。而对于高校思想政治教育而言，一方面还存在着"教"与"学"对立的情况，一些高校思想政治教育者对思想政治教育的理解有所偏差，把"教"作为思想政治教育的中心，认为政治素质过硬、思想道德坚定的学生是按照教育者的思路和思想政治教育的总体布局教授出来的，而没有从学生"学"的一面来转换思维视角；另一方面，许多高校思想政治教育者仍以传统的教育方式和固有的教育经验来进行思想政治教育理论和实践活动，过分强调教育者的主体地位，难以紧跟时代发展的步伐，忽视思想政治教育对象思维的易变性，形成僵化的教育模式和思路，从而禁锢了思维的创新和变革。在这一思维"变化"与"固化"的对峙中，形成了高校思想政治教育在大数据背景下的新矛盾。

二、对新技术的消极质疑与积极适应之间的矛盾

思想政治教育对象无论在态度还是在实际行动方面，都是新事物接受和运用的先行者，并对新事物衍生的环境具有强大的适应能力。大数据时代的到来，为思想政治教育对象的生存和发展提供了极为便捷的条件。在学习路径方面，基于大数据学习平台收集思想政治教育对象的各类数据信息而提供更具针对性的资源推送和更符合思想政治教育对象特征的话语方式这一强大功能，思想政治教育对象更加主动地倾向于借助各类大数据平台获取学习资源，而不再仅仅囿于教育者的言传身教和课堂上的有限资源。在对大数据的时代环境适应方面，思想政治教育对象无论在生活、购物、出行、健康等各个方面都受惠于大数据提供的强大功能，购物网站、健康设备、出行设备等借助大数据分析为思想政治教育对象提供更为精准高效的推荐服务、测评服务以及指引功能等，大大提高了办事效率和效果。对于可收集数据信息的穿戴设备、智能设备等，思想政治教育对象都更加地青睐。相较于传统的被动收集数据而言，大数据时代思想政治教育对象主动贡献了海量数据。虽然大数据的应用也会对思想政治教育对象造成一定的潜在威胁，但在力求规避风险的基础上，他们对大数据这一时代新兴产物仍表现出积极适应的状态。对于高校思想政治教育者而言，一方面，基于对技术的认知与理解仍受到技术与人文失衡状态的影响。也就是说，在新的信息技术发展并引入到社会当中时，在情感上人们会产生一种要加以平衡的反应，这种技术越高级，情感上的反应也会随之增强。所以，在面对新时代信息技术的快速发展时，对这一机遇的把握不够精准，在对待大数据这一新的信息技术时，态度不够积极。另一方面，在技术能力、人才队伍、数据平台等方面现存的难题，也在客观上阻碍着高校思想政治教育对大数据的应用。意识来源于实践，实践上得不到有效运用，良好的数据意识便难以产生，对待大数据的态度也难以得到实质性扭转。总之，高校思想政治教育者对大数据这一新的信息技术的适应程度相较于青年明显地滞后于思想政治教育对象，从而引发新的矛盾生长点。

三、认知渠道单一化与情感表达多元化之间的矛盾

对思想政治教育对象思想品德形成发展规律的把握，是提升高校思想政治教育成效的关键要素。而对这一规律的把握，离不开对思想政治教育对象的思想轨迹和情感动向的实时动态了解。在传统相对封闭、同质、稳定的环境中，思想政治教育对象表达情感的方式相对单一。采用面对面交流、个体或群体性访谈、抽样调查等方式来搜集思想政治教育对象的思想动态信息，对于了解他们不失为一种切实可行的道路。然而，处在大数据时代带来的信息技术迅猛发展的环境中，各种智能终端和自媒体技术为思想政治教育对象的情感表达和思想流露提供了更为广阔、便捷、私密的空间。同时，增强了情感和思想表达的无意识性，这在一定程度上也提升了思想流露的真实性。在大数据技术对行为数据记录的基础上，能够展现思想政治教育对象思想的实时动态性、变化性和发展轨迹。情感表达渠道的多元化以及思想政治教育对象主体意识的增强和隐私观念的强化，加之现代社会其他主客观方面的原因导致的师生关系的疏离，促使思想政治教育对象在与思想政治教育者交流的过程中真实的情感难以呈现。而高校思想政治教育者了解教育对象的渠道并未随着其思想情感表达方式的转型而实现创造性转化，仍然以传统方式为主，这种单一化的模式，不仅错失了了解思想政治教育对象真实全面信息的良机，也不能够呈现思想政治教育对象思想的变动性。思想政治教育对象情感表达的"多元化"和高校思想政治教育者了解学生渠道的"单一化"之间的不平衡现象，引发又一新的矛盾。

第四节　大数据为高校思想政治教育创新带来的新机遇

大数据基于自身的资源优势、技术优势以及思维优势，在破解传统高校思想政治教育信息获取能力不足、主客体关系弱化、教育方法低效化方面开拓了新空间；在契合高校思想政治教育资源需求的多样性、实践发展的多元性、思维转变的复杂性方面展现了新价值；在为高校思想政治教育提供战略资产，探寻教育规律以及把握机遇等方面带来了新契机。这些是大数据为高校思想政治教育带来的新机遇，也彰显了两者的价值契合之处，同时为大数据背景下高校思想政治教育的创新提供了可行性与合理性依据。

一、大数据破解传统高校思想政治教育发展制约

传统高校思想政治教育受到信息化水平不高、主客体关系弱化以及方法低效化的制约

和羁绊，难以有效提升新形势下高校思想政治教育的时代感、亲和力和实效性，与新形势下党和国家对高校思想政治教育的要求和部署不相符合。大数据依托自身优势，在破解传统高校思想政治教育发展的制约方面开拓了新的空间。

（一）大数据推动了高校思想政治教育信息化发展新阶段

在当代世界发展和运行过程当中，信息为人类提供着更为丰富的知识和更高超的智慧，成为与能量和物质同等重要的基础性资源。离开了信息的自然界和人类社会将难以运行。对事物的认识和把握，时刻离不开对信息的获取。信息对于高校思想政治教育来说，在一定程度上发挥着呈现、建构、引导、消除不确定性等功能，也可以说是其活动的中介。高校思想政治教育信息是由内外两部分构成，系统外部的信息主要是指能够对高校思想政治教育各要素产生影响的各类资源，如多元化的社会思潮、多样化的育人资源等。系统内部的信息包括高校思想政治教育者和教育对象互动交流中产生的信息，高校思想政治教育管理、运行、评价及反馈等实践活动过程中产生的一系列数据信息。信息虽然扮演着重要角色，然而传统高校思想政治教育信息获取能力却十分有限。究其原因，一是与信息源的供给不足有关。互联网、物联网、智能设备等是数据信息产生的物质基础，传统高校思想政治教育所处的时代环境，基础设施的建设薄弱，对支撑海量多元数据源的产生不足。二是和信息技术发展的程度有关。在计算机和通信技术发展成熟以前，信息技术还不成熟，没有能够形成一个独立的科学技术领域，导致对信息的收集、存储、分析在时空上受到制约，在信息形态上较为单一。三是由于信息化思维的滞后，这与传统高校思想政治教育环境的封闭性相关。也正是因为环境的稳定性和同质性，信息、信息技术以及信息产业等这些基础设施与物质、能量相比，没有成为影响传统高校思想政治教育存在及发展的必然要素。需求是构成行为的动力要素，在低需求状态下，信息化的理念就难以形成，信息能力便得不到有效提升。总而言之，无论从客观条件而言，还是从主观意愿来看，传统高校思想政治教育的信息获取都受到了极大限制。

大数据时代的到来，在客观上促进了高校思想政治教育信息化由外延式向内涵式发展的新阶段，为提升高校思想政治教育信息获取能力提供了有利条件。高校思想政治教育信息化发展的初始阶段，是随着校园信息化建设而发展的，这一阶段处于信息化发展早期，重点在"T"（技术）上，而不是在"I"（信息）上，对信息的真正有效利用并不充分。而大数据时代的到来，使高校思想政治教育信息化发展开始把聚光灯打向"I"（信息）的转变。

首先，大数据时代的到来，强化了高校思想政治教育对信息的需求。大数据在社会各个领域产生了巨大的影响和变革，高校思想政治教育也难以逃脱大数据的影响，青年学生信息获取的便捷性，导致教育主客体之间产生信息差，思想政治教育者的权威受到威胁和挑战。这在客观上推动着信息成为高校思想政治教育中的急需资源，在高需求状态下，信息化发展必然得以强化和推进。其次，数据化的思维模式，改变了高校思想政治教育对信息的利用形式。早期信息化的发展推动着高校思想政治教育数字化，但是，数字化只是把模拟数据转换成用 0 和 1 表示的二进制码，实现的只是事物存在状态的改变，而不是数据信息的生成与可利用。而如何将数字变成可以被利用的数据信息，则需要再进一步进行数据化的处理，才能够形成对某件事物的描述，也才能够对数据进行记录、分析和重组，数据化甚至能够将态度和情绪变为一种可分析的形式。在数据化思维理念的指引下，世间万物都可以被数据化，一旦世界被数据化，它就不再仅仅被看作是一个没有意义的自然的存在，而是成为由信息构成的可以被理解的数据的海洋。对于高校思想政治教育而言，不但可以将海量的思想政治教育资源进行挖掘、重组和关联，以发现新的价值信息。思想政治教育对象的一切行为，也可以以结构化或非结构化的数据信息形式被收集分析和利用。互联网上的各种行为轨迹，不再像以往那样被主动丢弃或被动丢失，而是映射到各类互联网信息采集系统，就像将物理世界映射到互联网世界而形成的一种"镜像世界"，在这个世界里，蕴含着每一个思想政治教育对象不同的信息资源和生命体验，包括社会的、家庭的，虚拟世界的和现实世界的，将这些资源进行数据化的处理，将是一种十分有价值的信息。总之，数据化的思维模式开启了高校思想政治教育对数据信息认知和利用的新境界。

再次，大数据为高校思想政治教育信息化提供了更为便捷的条件。随着国家教育信息化计划的推进，将大数据作为推进教育信息化发展新载体的战略部署全面开启。高校思想政治教育作为教育的特殊形态，在大数据的助力下，其信息化水平得到显著提升。最明显的是在大数据助推下的"智慧校园"建设为高校思想政治教育信息化提供了重要依托和平台。"智慧校园"在提供快速、海量、多源异构的信息方面彰显了显著优势，如某些大学"智慧校园"的应用中，仅 ihome 平台的应用就含括了新生入学迎新、老生离校关怀、校友资源共享、师生即时通信、课堂教学辅助、线上线下互动等各类场景的信息。这无疑极大地提升了高校思想政治教育信息化的质量和速度。此外，大数据推动线上学习方式得到迅速的发展，形成翻转课堂、慕课、微课等更具交互性的电子信息媒介，推动了高精尖思想政治理论课的发展。大数据技术通过对各类资源进行编码，把传统思想政治教育无法呈现的信息一一呈现出来。这些借助大数据技术而发生的变革都是高校思想政治教育信息化发展的有力明证。

　　总之，大数据在现实影响、思维理念以及技术创新等方面深化了高校思想政治教育对信息的需求、转变了对数据利用的认知以及优化了信息利用的条件，使高校思想政治教育信息化由外延式向内涵式拓展，由注重技术引入向注重信息利用转变，开启了高校思想政治教育信息化发展的新阶段。

（二）大数据开启了高校思想政治教育主客体交互新境界

高校思想政治教育主客体的关系是维系高校思想政治教育体系运行最直接的关系形式，因而在高校思想政治教育所有的关系要素中，这一关系应当始终是一种强关系。在社会学中，强关系是一种直接的、维系事物发展情况的关系存在，而弱关系则是一种间接的关系呈现。在高校思想政治教育当中，为强化教育主客体的关系两者应当时刻保持紧密联系，并不断强化两者之间关系的质量和形式。因为两者关系处理是否得当、发展是否和谐，直接关系到高校思想政治教育的成败。而传统高校思想政治教育主客体关系，呈现出一种"弱化的强关系"状态，无论在思想政治教育主客体的关系形式或者关系质量方面都存在诸多弊端，需要进一步优化。首先是传统高校思想政治教育主客体关系的形式方面呈现出单向度和相互分离的现象。在进行知识传授、思想教育、道德培养、能力提升等方面，过分推崇和强调教育主体的权威性，忽视教育对象的能动性。采取的是一种"我讲—你听"的自上而下、言说单一的单向度灌输方式。在传统有限的课时量和大班教学的形式下，传统高校思想政治教育主渠道作用发挥得十分有限，思想政治教育主客体之间的交流受到时空的限制，教育内容是否真正地入脑入心，并没有得到有效反馈，在思想政治教育学习过程中遇到的问题也很难得到解决。传统高校思想政治教育过程整体上呈现单向度的灌输与说教状态。同时，还存在着"教"与"学"相互分离的情况，传统思想政治教育决策的制定往往不是建立在充分调查研究的基础上，教育主体不了解教育客体的现实需求，教育的社会指向功能远远大于个体指向功能。"教"与"学"的分离衍生出教育主客体之间关系的分离。其次是传统高校思想政治教育主客体的关系质量不高。关系质量的高低取决于关系所能够呈现的思想政治教育价值的大小。高校思想政治教育主客体关系的类型，可以分为基础型关系、目的型关系以及发展型关系。基础型关系主要是以思想政治理论课为中介发生的诸如课堂互动的关系类型；目的型关系主要指诸如思想政治教育客体期末询问复习重点或者请假之类而发生的关系类型；发展型关系则主要是为了提升思想政治教育效果而发生的关系类型。包括教育客体与教育主体就牵涉到思想政治教育的相关理论或者实践问题进行探讨，或者为解决教育客体的思想问题而进行的心理咨询、交流谈心。在这些关系类型中，传统高校思想政治教育主客体之间经常发生的是前两种，而发展型主客体关系相对薄弱。这种情况导致两者关系的质量不高，也弱化了思想政治教育过程中的强关系，于把握教育客体的现实需求，践行"以人为本"的基本原则无益，因此，两者关系亟待优化升级。

传统高校思想政治教育主客体关系弱化表现在关系的单向度、分离化以及低质化，主客体交互性不强。探究其内在的深层原因可以发现，关系的单向度主要是传统高校思想政治教育中教育主客体之间存在信息差，思想政治教育者处于知识权威的地位，掌握着知识信息的主动权；且两者交流的时空受到限制，"传授—反馈"的双向机制得不到有效保障。关系分离化的主要原因之一是传统高校思想政治教育对教育对象信息掌握不足，且思想政治教育对象的信息管理部门之间存在信息壁垒，信息共享和流通不畅。关系的低质化原因之一在于高校思想政治教育未能有效引发教育对象的兴趣点和提升教育对象的关注度。而大数据的独特优势对弥补传统高校思想政治教育主客体关系弱化的缺陷提供了可能，为强化高校思想政治教育主客体的交互性开启了新境界。

首先，大数据时代，数据的海量性和开放性，使每个人获取信息的方式更为平等和便捷。为消除传统时代环境下教育者和教育对象在知识信息获取方面的信息差现象提供了可能，高校思想政治教育主体的主导作用虽然不变，但其"知识权威"的地位受到动摇。随着思想政治教育客体信息渠道的拓展和信息量的扩容，他们不再是被动的接受者，其主动性和能动性不断增强，批判和质疑精神愈发显现，对教育主体的回应日渐突出。同时，大数据推动高校思想政治教育线下线上协同联动，打破了思想政治教育主客体交流的时空限制。为消解主客体关系的单向度发挥着潜移默化的作用。其次，大数据技术的全息式监测功能能够实现对人的动态评价，精准定位需求。数字化的生存状态使得每个人都是带有自身明显特征的数据综合体，大数据技术通过对个体进行全息监测，获取个体的全样本数据信息，通过对全样本数据信息的分析，实现对个体和群体思想行为态势的及时判断与掌握。大数据技术的这一强大功能，能够助力思想政治教育主体对教育客体的全面认知和深入了解，把握教育客体需求的差异性和多样性，做到因材施"教"、精准施"教"、个性化施"教"，使教育客体愿意"学"、乐于"学"，消除"教"与"学"的二元对立和相互分离。再次，大数据本身就是宝贵的资源，在大数据技术的助力下，各类结构化、非结构化的资源得以数据化处理、可视化呈现，实现由点到面、由静到动、由量到质的飞跃。大数据的这一优势，对于丰富高校思想政治教育资源，增强思想政治教育资源的生动性和表现力效果明显。借助大数据对教育客体行为的检测与思想的调研，有助于发现思想政治教育客体思想与行为之间的关联性，将思想表现化解为微观行为，从而将宏大的思想理论说教化为日常的行为引导，增强其亲和力。通过大数据还可以进行资源的合理分配和方法的关联重组，使高校思想政治教育更具针对性。通过大数据平台监测，从源头和结果两个端口在高校内部信息化平台构建从教育规划到教育评估的大数据信息链闭环，做到及时动态的教育反馈，修正并完善教育决策和实施方案。总之，大数据在强化思想政治教育客体主流意识形态认同感并关注思想政治教育现实问题，提升思想政治教育主客体之间关系的质量上提供了有效的方案。

综上来看，大数据的技术优势、资源优势以及思维优势对于破解传统高校思想政治教育主客体关系弱化的困境提供了新出路，对消解单向度关系模式、二元分离关系现象以及低质化关系状况提供了新方案，开启了高校思想政治教育主客体交互的新境界。

（三）大数据拓宽了高校思想政治教育方法新形式

高校思想政治教育的传统研究方法、管理方法、评价方法等，在当时的环境下，对于传播主流意识，占领青年学生思想阵地，发挥思想政治教育功能效果显著。但是，随着时代环境的变迁，传统方法的时代适洽性不足，逐渐呈现出低效化状态。在研究方法方面，传统思想政治教育借助移情方法来了解教育对象，并由此做出判断和决策。这种经验型的研究方法倾注了思想政治教育者的主观意愿，很难做到公正、客观的判断，尤其是在高校思想政治教育环境复杂化以及教育对象个性化凸显的新形势下，这种方法势必缺乏研究的严谨性和精确性。基于抽样调查基础上的传统高校思想政治教育方法，试图借助客观事实来增强研究的科学性，然而，这种建立在结构化数据基础上的局部范围的抽样调研，在封闭性、稳定性的教育环境下有其价值和意义，但对于开放性环境下的高校思想政治教育而言，这种以局部代替整体、以抽样表征普遍的方法，依然不能够满足时代发展的需求。基于面对面交流、个体或群体性访谈了解教育对象的方法随着教育对象主体意识的增强和隐私观念的强化，以及教育对象情感表达渠道的多元化而显现出乏力。并且这种认知以及研究方式呈现碎片化、片面化和静态化特点，而人自身是系统性和发展性的统一，对于真正深入了解教育对象有失偏颇。在管理方法方面，从决策管理到组织管理，传统方法都显现出低效化。决策管理的基础是前瞻性分析，核心是方案选择，调节机制是方案的反馈评估，在具体决策过程中，要在掌握充足的决策依据基础上运用现代预测技术和方法，并及时地做好信息的反馈工作，以不断地修正和完善决策管理。而传统高校思想政治教育在具体决策时，过多地倚重经验的判断和逻辑推理进行思想观念发展趋势的分析，往往受到主观主义和形而上学的羁绊，在信息反馈环节也缺乏时效性。这无疑为高校思想政治教育决策管理带来不利影响。组织管理应当有良好的组织沟通，包括下行沟通、上行沟通、平行沟通等，实现这些沟通离不开信息的流动与共享。而传统高校思想政治教育的组织管理的弊端就在于信息流通的不畅，在这种情形下，上下级以及平级之间存在信息鸿沟和壁垒，不利于沟通的顺利进行。在评价方法方面，评价的科学性、整体性、动态性、多维度是高校思想政治教育评价的内在要求，而传统的评价方法侧重于主观经验评价，评价呈现一元与片面特点，这就有失公正与客观；同时侧重于结果性评价而少动态的过程性评价，这就导致评价的滞后性和模糊性，距离实现高校思想政治教育评价的科学性仍有很大的差距。在载体依托方面，传统的高校思想政治教育载体大多相对独立地开展活动，覆盖面不够广泛，承载信息有限，相互之间缺乏必要的对话和交叉，导致传统载体在各自发挥作用的同时，也常常暴露出单个载体的力不从心和技术不足。传统高校思想政治教育依托的主体主要是思想政治理论课教师、辅导员，主渠道是思想政治理论课，在与中小学思政衔接和过渡方面不够紧凑，力量过于单薄，没有形成合力效应，对强化思想政治教育的影响力、渗透力和持续性效果有待提升。由以上分析可以看出，在传统高校思想政治教育的研究方法中，主要是基于经验和常识的思辨性研究。实证性研究尤其是基于大规模数据调查和大型数据库的研究缺乏，这与思想政治教育创建之初的外部环境和客观条件相关。这种研究方法难免带有个人的主观偏见、价值立场以及政治立场，有失客观性和公正性。传统的管理方法则由于缺乏对客观事实的分析以及数据信息的集成和信息的交流沟通，民主性、灵活性以及协调性不足。传统高校思想政治教育评价方法重结果、轻过程的倾向，使评价过于武断和僵化。概而言之，传统方法时代适洽性不足，效果乏力，不能很好地满足新形势下高校思想政治教育发展需求和发展目标，需要在继承的基础上有所发展和创新。伴随着大数据时代的到来，极大地拓宽了高校思想政治教育方法的新形式。

首先，在大数据背景下，随着人文社会科学领域与计算机信息科学的紧密结合和交叉发展，人们的各类行为数据得以被收集和分析利用，这为突破人文社会科学领域传统研究方法，拓展大数据研究方法提供了有利条件，由此而滋生出以人的行为数据为研究对象的大数据研究方法。诸多形式的网络课程的创新与发展，以及校园媒体和自媒体的勃兴，推动高校思想政治教育也在与计算机科学交叉融合，高校思想政治教育对象在网络上留下海量的学习数据和思想动态数据。以这些多元化数据为依托的量化研究方法成为高校思想政治教育研究方法转变的新趋势。这种新的研究方法有别于传统以理论假设和逻辑推理为主的研究方式，对弥补传统高校思想政治教育研究方法的不足，提升研究的科学性是一种有益尝试和补充。

其次，大数据推动社会向智能化方向发展，"智慧校园"的建设在大数据的推动下也逐渐展开，大数据信息平台以及数据库建设成为高校基础设施建设的重要组成部分。于思想政治教育管理而言，大数据提供更为全面和多元的数据信息，并能够呈现各类数据信息之间的关联性，为高校思想政治教育提供了更为客观全面的管理依据。随着大数据的开放共享，高校思想政治教育各个部门之间将逐渐实现信息流通，从而便于高校思想政治教育管理集思广益，实现民主管理。

再次，大数据时代，世间万物被数据化，被数据化的世界提供了认识世界的不同维度，这与世界的复杂性相吻合。对高校思想政治教育来说，在与计算机科学的交叉融合过程中，也在逐渐地被数据化。不同阶段以及不同形式下的思想政治教育过程得以被记录下来，而被数据化的教育对象，则产生了学习、交往、日常生活等各个层面的多元化、动态化的信息。在这些数据信息基础上形成的全程、动态、即时的评价机制大大优于传统高校思想政治教育注重结果性评价和静态片面的评价方式。

最后，大数据强大的数据挖掘技术以及数据分析技术，能够对传统思想政治教育载体进行"技术赋能"，使高校思想政治教育载体由传统网下载体向网上载体转型，形成载体合力效应等。

综上，大数据背景下形成的数据研究方法、"智慧校园"建设、万物数据化态势以及"技术赋能"，大大提升了高校思想政治教育方法的科学性、规范性以及实效性，为丰富和拓宽高校思想政治教育新方法带来了新动力。

二、大数据与高校思想政治教育需求相契合

大数据不仅有助于破解传统高校思想政治教育发展制约，还能够凭借其资源、技术、思维优势，与新形势下高校思想政治教育资源需求的多样化、实践发展的多元化及思维转变的时代化相契合。大数据空间全覆盖、时间全天候的特征，为高校思想政治教育提供了新型的海量数据资源。大数据由零散分割向集聚共享、由孤立隔离向协同共治、由主观决断向科学预判等功能为高校思想政治教育实践发展提供了技术支持；大数据全样本、复杂性等思维特征为高校思想政治教育思维转变提供了理念支撑。总之，大数据在契合高校思想政治教育发展需求方面展现了新的价值。

（一）大数据与高校思想政治教育资源需求的多样性相契合

随着信息化的发展和外部环境的复杂化，高校思想政治教育不仅要丰富和充实自身的内容来增强其时代感和吸引力，还要深化对思想政治教育对象的认知，同时提升思想政治教育管理使其更加科学高效。无论是内容的丰富、认知的深化还是管理的优化，都需要海量的数据信息资源作为支撑，而大数据契合了高校思想政治教育对资源需求的多样性。

1. 大数据提供了更为丰富的内容资源

文化资源是高校思想政治教育重要的内容资源，丰富的文化资源有助于扩充高校思想

政治教育内容的选择性。因此，在高校思想政治教育内容选择上，要积极地对文化资源进行提炼转化。同时，为缓解高校思想政治教育面临的"社会对人们思想品德的要求与人们实际思想水准之间存在差异"这一矛盾问题，内容的选择不仅要符合时代发展特征，还要符合个体精神需求。换言之，高校思想政治教育在进行文化资源的整合过程中，一方面要注重量的丰富性，另一方面要注重质的契合性。传统高校思想政治教育内容建构过程中，出现过"供需错位"的困境和矛盾，大学生的现实精神需求得不到与之相匹配的文化资源供给，导致价值观上的迷乱和道德正义的缺位，极大地削弱了高校思想政治教育的实效性。在新的时代背景下，社会发展处于全球化、网络化、现代化交织的现实境遇之中，时代的变化给人们的思想带来极大的冲击，对于处在新事物接受前沿的大学生群体，迫切需要思想政治教育发挥价值引导和精神生产的功能，以培育适应时代发展的新人。高校思想政治教育功能的发挥是诸多要素合力的结果。教育内容的优化是立足于文化资源的选择与整合之中的，在新时代的历史方位下，传统文化资源、网络文化资源是高校思想政治教育内容构建的重要文化资源。高校思想政治教育不仅要用中华民族创造的一切精神财富来以文化人、以文育人，还要善用网络文化资源。信息技术的快速发展，使互联网以潮流般的态势在经济、政治、文化以及社会生活各个领域中得到广泛而深入的应用，对网络文化资源的有效应用，将极大扩充高校思想政治教育内容的广度。同时，伴随全球化进程的推进，高校思想政治教育置于一个开放的社会系统和状态中，在教育内容上显然不可能像以前那样贫乏和单一，要在继承我国优良的传统道德资源基础上，对西方社会有利于人类进步的道德资源、文化资源加以批判吸收。

大数据作为承载信息资源的载体，为高校思想政治教育全方位、整体化、精准性地提供了这些文化资源。首先，作为资源的大数据，通过数据库的建设与开发，实现了传统文化资源的激活、重启与创新。充分运用史料是研究传统文化的基础，而通过大数据技术，能够将各种类型的传统文化资源转化为数字化的文本，再经过元数据的后台整理，将海量的传统文化资源呈现在人们面前，使人们突破原有的时空限制，实现多地存储、异地共享，在短时间内获得更多的资料。数字人文的兴起，克服了传统数据库信息碎片的弊端，通过资料探勘将数据库的资料进行处理分析，展示出史料内部的隐含关系。此外，对于一些容易受自然灾害破坏的传统文化资源，"数字化"保存有效地解决了传统文化资源因遭受各种破坏而不可修复的问题，使其得到传承和发展。总之，在对于高校思想政治教育的内容优化而言，研究者通过不同数据库所提供的海量传统文化资源，筛选和甄别出可供高校思想政治教育使用的可靠资料，进而找出资料之间的深层联系，并以此为依据得出若干新结论，开辟传统文化研究的新领域和更为科学的研究，对传统文化全面了解的同时，进行传统文化的二次传播。其次，网络文化资源可以说是高校思想政治教育的一种新兴资源模式，随着互联网信息技术的发展，网络文化产业勃兴，各种文化活动、文化方式、文化产品和文化观念在网络上云集，但是，这些网络文化资源由于缺乏整合与规划，大多处于零散的、无序的状态。对于以网络为第二生存空间的大学生来说，面对如此繁杂庞大的网络文化资源，对优质文化资源的鉴别和筛选是一项难题。经由大数据技术的整合，依据这些网络文化资源开发出系统的网络文化课程、打造出优质的网络文化产品群，并建立网络文化资源库，且通过大数据监测、对于不良文化资源能够进行筛选识别。从而为高校思想政治教育提供更为优质的网络文化资源。再次，如果说全球化的发展是西方文化进入中国的契机和条件，大数据则借助全球化这一时代"东风"，将"他者"文化带到人们的面前，让人们全面了解了西方文化的价值、理念和观点。在新的时代发展境遇下，高校思想政治教育的发展势必面临国际性的挑战，思想政治教育的目的不应是"禁锢"人们的思想，而是要使人们的思想观念永远保持"开放"，要去研究和了解其他国家，尤其是西方国家的文化特点和生活方式，以及思想政治方面的理论和实践问题，以包容的姿态去培养人们的道德思维、道德判断和道德选择的能力。大数据带来的丰富的文化资源为高校思想政治教育内容的建构及优化提供了有益启迪和借鉴。

2. 大数据提供了更为全面的认知资源

高校思想政治教育的最终的目标指向是促进人的全面发展，所以对"人"的了解非常重要。做好高校思想政治教育的前提和基础在于准确而全面地了解思想政治教育对象，包括思想政治教育对象的整体特征和个体差异，也包括思想政治教育对象的思想变化和行为趋势等各方面的信息资源。但是，在传统思想政治教育过程中，由于受所处环境状况和思想观念的影响，政治因素往往被放在第一位，个体处于被动服从的状态，对"人"的了解常常被忽略。随着社会主要矛盾的转变和国内外环境的变化，阶级矛盾降为次要地位，高校思想政治教育的发展，除了要坚守政治因素，服务社会发展以外，还要注重思想政治教育对象的内心世界和个体需求，服务重点和教育模式也应随之转变。围绕学生，关爱学生、服务学生、尊重学生，制定个性化教学方案，是新形势下高校思想政治教育所要遵循的原则。而不管是对思想政治教育对象内心世界的把握，还是践行"以学生为本"的要求，都离不开对人的外在行为数据信息资源的充分占有、了解和分析。传统高校思想政治教育受技术手段以及数据产生源的限制，思想政治教育对象学习、生活、思想等方面产生的数据信息资源缺少依托载体，高校思想政治工作部门的收集工作也难以有效展开。所以，对思想政治教育对象的研究多建立在搜集部分样本材料基础上的抽样调查，以此来增加对他们的了解程度。但是，基于抽样调查的数据材料的有限性和调研对象的局限性，使得研究结果不能够完全、真实、精准地反映思想政治教育对象的思想动向和行为倾向。且以这些方式进行研究的结果是一种群体性的特征反映，而非个体性的需求反馈，缺乏精确性和针对性，容易忽略一些隐性问题和真实需求，在认知深度上有待进一步的提升，对高校思想政治教育的政策制定和有效展开产生的作用和影响非常有限。尤其是在现代大学生个性化凸显的现实境况下，个体需求千差万别，抽样调查研究在很大程度上并不能完全满足个性化教学的要求。因此，对学生全样本数据材料的占有十分必要且迫切。而大数据时代的到来，突破了传统高校思想政治教育收集教育客体各类行为数据的瓶颈，大数据资源为深化对教育客体的认知程度和实现全样本研究提供了可能。

大数据作为资源供给的特征之一便是"量大"，它是基于现代信息技术的一切可以记录的全体数据，这里的"全体"不仅指传统结构化的数据，更多的是非结构化的数据；是全面的数据而非随机抽样的数据；是全样本的数据而非部分样本的数据。大数据时代，人们借助互联网络来进行信息搜索、网络购物、交往互动、观点表达、日常记录等，把自己的思想、认知、情感、需求等透过网络源源不断地传递出去，可谓"凡走过，必留痕迹"。这些"痕迹""现象"和"记录"不再和以往一样成为无用的"历史"而被抛弃，而是被以数据化的形式呈现出来，并被保存、分析和利用，成为宝贵的数据资源。还有一些行为数据通过无处不在的传感器而被自动收集，这些数据源的产生是在人们不知情的情况下以最自然、最真实的状态表达的，对于窥见人们的真实心理意义重大。对于高校思想政治教育而言，在"以人为本"原则倡导下而产生的对思想政治教育对象各类数据信息的需求来说，大数据资源所提供的包括出勤、成绩、消费、借阅、上网情况等各类信息，是从思想政治教育对象生活中的点滴来反映的他们的真实生活状态，有效地避免了思想政治教育对象因情绪或者态度等主观原因而刻意掩饰一些行为来误导调查结果的情况发生，极大地提升了研究结果的精确性和可靠性。通过对大数据资源的存储、分析和利用，高校思想政治教育的资源供给体系更加全面和完善，对教育客体的了解认知实现了从静态到动态、从浅表到深层、从片面到全面、从局部到整体的跨越式发展；对教育客体思想面貌、行为习惯和情感变化做了系统性的构建，为研究方式从局部抽样到全样本转变提供了可能，为更好、更精准地为教育客体提供有效引导和教育埋下了伏笔。从更基本的意义来说，大数据资源极大地深化了高校思想政治教育对教育客体的认知深度，为提供个性化的教育方案打下了坚实的基础。

3. 大数据提供了更为多元的管理资源

高校思想政治教育管理在其运行过程当中占据重要地位，是推动高校思想政治教育得以顺利进行的基本保证。由思想政治教育者和思想政治教育对象这一基本矛盾衍生出来的一般矛盾始终伴随在高校思想政治教育过程当中，包括教育者与教育内容、方式的矛盾，教育对象与教育环境、教育评价机制的矛盾，教育效果与教育目标的矛盾等。要想协调、平衡这些矛盾，良好的管理机制必不可少，通过良好的思想政治教育管理来不断地发现问题，处理问题，才能有效地推进思想政治教育过程，理顺过程当中的各种矛盾关系，而良好管理机制的构建是建立在对海量事实分析的基础之上的。从高校思想政治教育管理的起始环节——计划决策来看，因为高校思想政治教育是一项旨在改造人的主观世界的活动，所以制订管理计划的时候，在不违背党性原则的基础上，还应根据社会环境和管理客体的实际来确定符合现实的管理方案。因此，计划决策的第一步首先就是要掌握充分的决策信息，来为科学决策提供大量可靠的事实材料。在高校思想政治教育的组织实施环节，管理工作者在把计划内容的理性力量转化为客观物质力量的同时，发现思想政治教育运行实践中与计划不相吻合之处，从而产生新的信息资料，这些信息资料只有被合理收集和利用，才能够为进一步完善思想政治教育管理提供依据。在督促检查环节，不管是管理主体、还是管理客体，都会随着新情况的出现而产生新的信息，对这些信息的分析和了解，是优化管理决策、增强管理科学性的有力手段。在高校思想政治教育管理的总结评估环节，为保证评估的科学性，也需要搜集与管理效果相关的数据信息。尤其在使用舆论评估的方法时，通过实地调查和大众传媒收集舆论信息、分析舆论走向，能够提高对高校思想政治管理工作评估的科学性。在信息反馈环节，更要仰赖大量的及时信息，才能保证反馈的时效性，否则便丧失了反馈的价值。由此可见，在高校思想政治教育管理的任何一个环节，都离不开对信息资源的依赖。受传统思想政治教育管理观念的影响以及科技发展水平的限制，细致、完整的决策信息往往难以收集，而片面的、局部的管理经验易产生不合理的管理决策，造成教育活动的低效以及教育资源的不合理分配，最终不利于人的全面发展。随着"以人为本"管理理念的凸显和现代社会信息传递方式的转变，高校思想政治教育管理亟须向规范化、科学化、民主化方向发展，这一发展目标对数据信息的需求日益迫切，而大数据发展和应用契合了高校思想政治教育管理的未来发展。

随着现代高校对先进网络技术的应用，数字化信息体系不断被构建，移动客户端也相继被开发并投入使用，极大地推动了教育智能化的发展，为识别和采集教育大数据信息提供了便利。基于外部技术环境的改善，高校思想政治教育各环节、各要素的静态数据和动态信息都可以以数字化的形式被存储和分析，并将这些大数据资源共享和呈现，使得高校思想政治教育管理在计划决策之初，不仅可以得到诸如教育主客体现实需求、教育队伍建设现状、舆情倾向等之类的实时信息，还可以获取思想政治教育以往教学情况的记录和积累、思想政治教育以往的实践效果等历时性数据；不仅能够拥有教职工信息、教育投入、学生信息等静态数据，还能够拥有思想政治教育管理过程中基于各要素变化的动态数据。这些数据资源在类别上是结构化和非结构化数据的结合，在来源上是多元化的样态汇聚，如此丰富而又多样的大数据资源为保障高校思想政治教育管理的科学性、提升管理效度提供了良好条件。

（二）大数据与高校思想政治教育实践发展的多元性相契合

高校思想政治教育的发展，根植于社会与人的发展诉求之中，呈现领域发展、功能发展以及形态发展等多元发展状态。大数据背景下的高校思想政治教育创新是对思想政治教育发展的实践回应。

1. 对高校思想政治教育领域发展的实践回应

思想政治教育的领域发展，是基于现代社会和学科领域的高度分化与综合并举的发展趋势，不断地拓宽思想政治教育活动的时空范围，向着宏观领域、微观领域、未来领域以及生活世界延伸。

宏观领域的延伸要求高校思想政治教育在国内层面要立足社会主义现代化建设，敏感捕捉由于政治、经济、科技发展带来的一系列问题，形成发展了的思想政治教育来应对社会新领域出现的问题。并在不断开放的时空中，在不同思想文化的交织、浓缩、分化、组合的态势下，准确把握思想的动向和规律，发挥主流意识引导作用。同时，在国际层面要培养拥有面向世界的思想、道德、心理素质的人才。这就需要高校思想政治教育置身于一个更高和更广泛的时空，了解其他国家的文化特点及生活方式，不断地进行国际分析和比较。微观领域的延伸要求高校思想政治教育指涉活动主体的知、情、意、信、行，关照主体内心，把握多元化的思想和行为方式"对冲"引发的心理危机以及行为变化，展示受教育者认同社会主导思想并进行思想行为转化的活动过程。未来领域的延伸，要求高校思想政治教育要有超前性和预防性，探索适用未来领域的理论与方法。基于社会发展给人们带来的机遇和风险，为了力求主动和优胜，人们更多地会对尚未出现的不确定因素进行关切和把握。为了适应这一形势，满足社会发展和人的发展需要，高校思想政治教育就需要面向未来，进行科学预测和决策，制定正确的教育计划，以保证社会及个人未来的顺利发展。生活世界的延伸要求高校思想政治教育介入与个体密切相关的社会生活领域，贴近生活与实际，打破思想政治教育的狭隘视界，有效利用社会力量和各种社会资源。由现代思想政治教育领域发展的趋向可以窥见，无论向何领域的延伸，都展示了对高校思想政治教育在信息资源扩充、思想行为预测、思维视域拓展、整体把握认知方面要求的提升。对大数据而言，无论是窥其表征还是究其内涵，都迎合了高校思想政治教育领域发展的需求。所以，融合大数据创新是对高校思想政治教育领域发展的实践回应。

2. 对高校思想政治教育功能发展的实践回应

为适应与迎合高校思想政治教育的领域发展，高校思想政治教育要不断地实现功能上的超越性、多样性以及创新性发展，这样才能推动高校思想政治教育从外延到内涵的多维度前进。

超越功能的发展是在摒弃复制功能基础上提出的。纵观当下高校思想政治教育现状，在一定程度上仍受到传统再生功能教育的影响，显现出保守性、封闭性和复制性的弊端。要实现超越功能，就必须认清在现代社会迅速发展、全面变更的情况下，现在绝对不是过去的再现，未来更不是现在和过去的翻版；就需要对社会发展现实以及思想政治教育发展做历时性的比较和共时性的分析，以更好地把握未来。多样功能是相对于单一功能而言的。相较于传统单一的政治性功能，处在新时代的高校思想政治教育面对的社会主要矛盾改变了，在科学坚持政治功能的前提下，要发展"立德树人"的功能及其他业务功能。而保证多样功能的实现，需要高校思想政治教育从更深层面和更完整方面把握功能发挥的对象。创新功能的发展是对传承功能的吸收、转化和创造性发展。在全球化、现代化以及个体的主体意识不断增强的现代社会中，高校思想政治教育仅仅执行思想传承功能已经不能满足社会和个人的发展需要，而需要在传承的同时，发挥文化选择和创造功能，以解放思想、更新观念。但是，创新功能的实现并非易事，不仅需要体现文化的时代感，还需要打造现代化的文化环境，对文化进行现代化的呈现，这就需要借助现代信息技术的应用和助力。大数据以其特有的技术功能和思维模式，在历时性和共时性信息资源的比较分析，深入把握和完整呈现教育对象信息以及提供现代信息技术方面呈现出自身优势，因而，融合大数据创新也是对高校思想政治教育功能发展的回应。

3. 对高校思想政治教育形态发展的实践回应

高校思想政治教育形态是在其具体实践活动中的存在状态和表现形式。它不会一成不变，而是会在运行方式和整体特征上进行发展转换。基于现实的考量，高校思想政治教育形态发展主要呈现为主导式与多样性相统一、主客二元对立向交往式形态转变以及网络思想政治教育形态发展。

主导式与多样性相统一的思想政治教育形态需要高校思想政治教育重视个体需求和社会生活的多样性，既能够主导思想政治教育发展的方向，又不脱离社会生活而使主导性失去社会领域的空间。交往式思想政治教育形态的发展，需要进行高校思想政治教育者与教育对象的深入沟通，达成相互理解，实现对人的精神世界的关照，消解对人的漠视。网络思想政治教育形态的发展则需要高校思想政治教育对网络舆论的把控和网络生态的科学构架与治理。这些方面的发展都离不开数据信息的交流、传递、开放与共享。所以，大数据与高校思想政治教育的形态发展是相互契合的。

（三）大数据与高校思想政治教育思维转变的时代性相契合

高校思想政治教育现实境遇的改变，倒逼着其思维理念的转变。传统的统一性认知思维、抽样性方法思维以及简单性评价思维难以契合高校思想政治教育的时代发展。而多样性的认知思维、全数据的方法思维以及复杂性的评价思维是指引高校思想政治教育良性发展的时代之需，大数据的特征能够有效契合高校思想政治教育思维转变的时代之需。

1. 大数据推动高校思想政治教育由统一性向多样性的认知思维转变

培养为社会主义政治和经济建设服务的"统一化"人才是传统高校思想政治教育所遵循的目标原则和思维理念，在这一目标指引下，高校思想政治教育便成了"统一化"人才培养的阵地。然而，"统一化"的认知思维与人的全面发展理念相悖，与当前"立德树人"的人才发展目标存在一定的时代偏差，难以适应现代思想政治教育的发展需求，也难以契合现代思想政治教育发展理念，从而不能够很好地指引现代思想政治教育的发展方向。尤其是进入信息化发展的新阶段，在新形势、新要求、新目标的推动下，高校思想政治教育对个性化教育的需求日益强烈，而要实现个性化教育，需要思维方式的转变。大数据的思维理念具有强烈的个性化特征，与传统高校思想政治教育"统一化"的认知思维形成强烈反差，是扭转"统一化"认知思维的有力武器。在大数据背景下，思想政治教育对象在学习、生活、消费以及社交行为的过程中留下了海量数据，通过对这些与教育客体思想行为直接和间接数据的分析可以发现，由于受到多元文化和思潮的影响，新时代下的教育客体在性格、习惯、思维、认知等方面较以往大学生更加多样和多元化，将这些数据分析结果呈现在高校思想政治教育者面前，可为他们提供更加详细的信息考量，使他们可以更好地尊重每一个教育客体多样化个性。思维的形成源于实践，大数据应用于高校思想政治教育的实践充满了个性化的思维特性，对扭转传统高校思想政治教育"统一化"思维大有裨益。

2. 大数据推动高校思想政治教育由抽样向全数据的方法思维转变

在经历了长期探索和发展之后，尤其是高校思想政治教育各个要素受到信息网络技术的影响之后，其研究方法在经验型、思辨型研究方法的基础上，逐渐兴起并发展量化研究方法。从信息论的角度来讲，高校思想政治教育过程也是一种教育信息传递、接受和转换的过程。所以，信息在高校思想政治教育运行和决策过程中发挥着至关重要的作用。对信息的量化集成和分析能够呈现出事物的关联和探索事物发展的规律，强化高校思想政治教育研究的科学性。但是，受技术条件的限制，建立在传统小数据基础上的量化研究，所收集和利用的大都是与学生思想行为直接相关的结构化数据，通过先进行理论假设的设定，再从直接相关的信息中寻找因果关系进行假设论证。但是，传统的建立在小数据基础上的抽样研究方法不足以涵盖反映学生思想动向的所有数据。一旦收集的样本信息有误，就会影响研究结果和决策制定，进而难以准确把握和了解教育规律，更不用说寻找正确的因果关系。而在大数据的全样本思维、多样性思维以及相关性思维指导下的量化研究方法对弥补传统高校思想政治教育研究方法中存在的弊端意义重大。随着数据库以及云存储技术的运用，结构化、半结构化以及非结构化等各类型的数据都能够收集和存储，人们的生活足迹都以数据的形式记录在云端或者数据库，人类所需求的是多样数据和全体信息。全样本数据的量化研究更能够弥补因抽样信息失误而带来的危害。在大数据相关思维的指引下，思维客体更侧重隐藏在数字背后丰富、深刻的内涵，看似无关的数据或许关联之中蕴藏着巨大价值，与其从直接相关的数据中探寻因果联系，不如以多样化的全样本数据中呈现的相关性为基础来揭示因果性更可靠。而且，大数据时代的数据源具有客观、自动、智能生成的特征，数据更具有真实性，所呈现数据也更为真实。所以，在进行量化研究的时候，要摒除传统抽样思维模式的弊端，不是预先进行理论假设，而是以事实为依据去得出更为科学的结论。对于高校思想政治教育进行量化研究亦是如此，研究的样本应由局部扩展为全体，对数据的分析要更加客观、全面，更接近事实，所以更要以大数据的全数据思维来指引量化研究的进行。

3. 大数据推动高校思想政治教育由简单性向复杂性的评价思维转变

高校思想政治教育评价有两种解读维度：一种是以思想政治教育为评价视角，对社会现象、人的行为及其结果所做的赞扬或者是谴责，以及对社会现象和人们的行为发生的原因、过程及趋势所开展的分析说明。通过这种赞扬、谴责和分析来判断人的行为是否与社会要求相一致。另一种解读维度是按照一定的标准及要求对高校思想政治教育的内容、方法、过程和实际效果进行衡量的过程。无论从哪种维度进行解读，传统高校思想政治教育评价都存在注重结果性评价的简单性思维倾向。具体来讲，在第一种解读模式下，高校思想政治教育评价的内容主要由政治、思想、道德、人格心理等亚系统构成，通过分析人们的言行是否契合这些系统所要求的标准来评价言行是否合理。这种传统的评价标准及评价的内容具有一定的稳定性。但是，高校思想政治教育具有现实指向性，其评价的标准及内容也应当随着社会的现实需求而不断变化。这就要求高校思想政治教育评价在坚持优良传统的基础上，改革旧观念，培养动态性思维。从评价方式来看，高校思想政治教育的社会评价是其内在本质，在进行社会评价的过程中，教育评价的主体根据大多数人支持和认同的社会舆论、教育主体对受教育者的教育反馈以及社会实践的检测来进行个体社会行为的评价。这种评价方式有其合理性和恰当性。与此同时，依靠社会舆论、教育反馈和社会检测的评价方式往往呈现单向度的评价倾向，对达成思想政治教育评价的合理性与恰当性产生不利影响。在第二种解读模式下，一方面，传统的高校思想政治教育多通过有限的问卷调查、座谈、考察等形式进行经验式的判断，对于思想政治教育对象的差异性未能充分体现；另一方面，传统的评价多注重选拔功能，以是否完成工作任务或者是单一的考试及考核成绩为评价标准，对于影响受教育者的非智力因素重视不够，评价标准过于单一化和有限性。基于对传统高校思想政治教育评价的分析和反思可以看出，稳定性、单向度、经验式、平面化以及单一化和有限性是蕴含其中的思维特征，这也是注重结果性评价的思维引导下必然呈现的结果。身处信息网络技术迅速发展的新时代，高校思想政治教育面临的社会环境、主体意识、实践形式、评价方法等都发生了巨大的变革，因而对其评价也提出新的要求。如果继续以简单化的结果性评价思维进行评价，势必会削弱高校思想政治教育评价效果。动态性、互动式、科学化、立体化等复杂性思维是高校思想政治教育评价所需求的应然性思维模式。而大数据思维具有即时性、整体性、平等性、开放性、多样性和相关性等特征，认为自然界和人类社会都是纷繁复杂的，人们的思想行为并不是按照线性的因果关系来组织的，也并非受到稳定、单一的因素影响，这一思维特征在本质上可以说就是一种复杂性的思维模式，有效地契合了高校思想政治教育思维转变的需求。

三、大数据带来高校思想政治教育创新契机

高校思想政治教育的创新需要一定的推动力量，才能够把握创新的关键节点，促进创新的有效开展。于高校思想政治教育而言，大数据不仅是一种重要的战略资产，还是探索规律的有力工具，同时也是助力把握其机遇性的关键力量。

（一）大数据为高校思想政治教育提供重要战略资产

高校思想政治教育过程中产生的大数据，是其重要的战略资产。所谓高校思想政治教育大数据，有两层含义：一是资源层面上的大数据，指对高校思想政治教育研究与发展具有广泛参考价值的各类数据资源，这类数据包括高校思想政治教育活动过程中各个结构要素自动产生的数据以及根据活动需求所采集的数据；二是技术层面上的大数据，指借助大数据学习分析等技术来变革高校思想政治教育教学方式、学习方式以及指导教育决策等。无论哪个层面的大数据，都在高校思想政治教育创新过程中占据着重要的战略地位。首先，在高校思想政治教育决策方面，大数据为思想政治教育管理部门、学校与教师做出合理的教育教学决策提供了可靠的证据。随着大数据技术的深入发展，能够采集到的高校思想政

治教育数据正在呈几何级的规模递增。尤其是网络思想政治教育的发展，线上教育模式的开发，以及高校思想政治教育覆盖的全面性，巨量的数据资源不断地生成与收集，这些数据资源的聚类或重组可以提炼出不同的价值信息。思想政治教育决策部门和决策主体依据这些教育大数据的分析结果对高校思想政治教育进展水平进行评估，并以此作为思想政治教育投入的依据以及教育政策制定的根据。决策的制定是指引高校思想政治教育发展的风向标，具有全局性和引领性的作用，教育大数据作为一种无形的资产，对高校思想政治教育来说是一座可无限开采的"金矿"，也是支撑其科学决策的重要资产。其次，在高校思想政治教育改革方面，大数据学习分析技术为高校思想政治教育改革提供支持和干预。在管理改革方面，大数据学习分析技术为教育管理部门有针对性地完善不足之处，修订教育管理方案，优化教学资源配置，并最终评估修订方案及资源配置情况提供了依据。在教学改革方面，高校思想政治教育者可以利用教育大数据改进和优化自己的教学决策，利用大数据分析需要在何种时机对哪些学生以何种方式安排何种教学内容，以更加契合受教育者的个性化学习需求。同时，大数据的学习分析技术可以真正实现信息化的教学环境，使教育者能够更加便捷地获取教育对象的学习行为数据，也可以支持既能体现教师主导性又能兼顾学生主体性的新型教学方式的实现。在学习方式的改革方面，学习分析技术自动识别学习情境，从海量数据中自动分析学习者的特征信息，依据其需要推送目标资源，使学习者实时调整自己的学习计划。再次，在高校思想政治教育课程建设方面，大数据是增强课程内容供给针对性的现实保障。在大数据和学习分析技术的支持下，慕课教育在高校思想政治教育中被寄予厚望，因为学习者在数字化学习的过程中会留下很多数字碎片，通过对学习者慕课课程资源学习和使用过程的数据分析，能够提供更加符合学习者需求的课程内容，从而使教学指导更具针对性，优化课程设置和课程建设。

（二）大数据为探索高校思想政治教育规律提供有力支撑

对规律的把握始终是开展高校思想政治教育的重要遵循，大数据依托其深度挖掘与精准分析能力、系统集成和动态监测能力、宏观把握与微观突破能力，为助力高校思想政治教育规律探索提供有力支撑。

首先，大数据依托深度挖掘和精准分析的能力，为探索高校思想政治教育规律提供更多、更可靠的事实依据和参考信息。规律的呈现是建立在对大量事实观测的基础之上，在信息社会对事实的观测主要依据对事物发展过程中留下的"数据足迹"的收集和分析。建立在传统"小数据时代"的结构化、单一源的数据收集难以全面呈现高校思想政治教育的发展状况，导致对事实观测的有限性。大数据技术的深度挖掘能力，能够采集到几乎囊括了结构化、半结构化以及非结构化的所有数据类型，突破了传统单一、片面、局部数据源的瓶颈，为探索高校思想政治教育规律奠定了海量事实观测的基础。而依托大数据技术对海量数据信息的精准分析，则能够取代传统"粗放型""模糊化"的分析方式，对于深刻把握事物之间的深层关系更为可靠。

其次，大数据依托其系统集成和动态监测能力，为探索高校思想政治教育规律提供更为科学和有效的手段。大数据背景下的数据信息是复杂和多元的，对高校思想政治教育规律的科学挖掘，需要将各类分散的数据信息进行整合与联通，才能兼顾高校思想政治教育各个维度的发展状况及其相互之间的关系。大数据的系统集成能力为有效解决这一问题提供了可能，并且大数据的系统集成能力不是将各类数据信息简单地加和，而是力图将零散信息通过科学、合理的方式集合为整体，以产生"1＋1＞2"的价值。此外，在大数据背景下，高校思想政治教育的数据信息不是静止的，而是不断地变化甚至成倍地增长。这就需要对高校思想政治教育不断变化的数据信息进行实时监测。大数据的动态监测能力对于把握最新的数据动向、做出及时判断、提升规律探索的科学性发挥着重要作用。

再次，大数据依托其宏观把握和微观突破的能力，为高校思想政治教育整体规律的把握和具体规律的探索贡献力量。由于各自经历不同，因而高校思想政治教育对象具有个性差异，但基于其年龄相仿，所处社会大环境相同，又会呈现共性特征。在对他们进行思想政治教育时，会呈现整体的宏观规律和个体的微观规律两个层面。大数据的宏观把握能力体现在大数据可以读取和使用各类大数据资源，真正做到最大范围地分析和掌握。在这些数据资源中识别出能够体现群体特征的数据，从而有助于探索高校思想政治教育的整体宏观规律。大数据在广泛"捕捉"体现群体数据的同时，还能够精细"筛选"展示个体特征的数据，也就是说，每一个个体的独特特征在大数据技术之下，都可以被分析，以供高校思想政治工作者洞察入微，从而有助于探索出高校思想政治教育个体微观规律。

（三）大数据为把握高校思想政治教育机遇性贡献关键力量

机遇性是指高校思想政治教育者在思想政治教育过程中面临良好机遇，容易成功地对思想政治教育对象进行价值灌输、思想引导和行为扭转的机会性、时机性特征。对高校思想政治教育来说，从内容方面而言，在基本原则和指导思想不变的前提下，会随着时代的变化和现实境况而呈现出随机性、灵活性和跳跃性的特征；从思想政治教育对象的身心发展来看，其过程会受到外界因素的诸多干扰，具有较强的易变性和可塑性，同时，高校思想政治教育的功能也要随着变化发展了的实际做出相应调整以适应现实境况。所以，综合而言，高校思想政治教育与社会现实和人们的思想实际紧密相关，因而具有较强的机遇性。

但是，机遇的来临具有偶然性，思想政治教育对象也并非时时刻刻都处于思想转变和价值形成的状态。如何把握"时机"和"关键"，什么时候进行思想疏导才是最合时宜的？在什么阶段进行思想政治教育最有效果？不同的个体具有鲜明的个性特征，什么样的思想政治教育方式能够"走近"他们？这些都是把握机遇性所要思考的问题。可见，机遇性的把握并非一件易事，而大数据为解决这些问题提供了理论和实践的双重回应。一方面，大数据蕴含的新的思维特征，引导高校思想政治工作者信息思维的形成，从经验指导和思辨为主转变为依靠数据呈现的信息来做决策。最佳"时机"和"关键"节点的把握不是存在于思想政治工作者的思想和观念中，而是需要客观的数据信息做支撑，需要深入受教育者群体，了解受教育者，对思想政治教育对象进行多方位的数据信息的搜集与分析，从而更全面地把握其思想变动轨迹，以抓住最佳时机来进行思想政治工作。另一方面，大数据的动态监测、实时呈现等功能，为把握思想政治教育对象思想变动及形成规律提供了有益条件。由于当前高校思想政治教育者的数量及时间有限，全面性、持续性地与思想政治教育对象进行零距离的交流与接触难以实现。大数据的动态监测和实时呈现功能在高校思想政治教育中的应用，为实时提供思想政治教育对象的行为动向创造了条件，通过对思想政治教育对象的"实时追踪"，能够及时全面了解其行为动向，助力思想政治教育的有利时机和关键节点的把握。总之，在大数据思维及技术的助推下，为高校思想政治教育机遇性的把握贡献了关键力量。

第三章 大数据时代大学生思想教育路径革新——思想政治教育方法创新

第一节 大数据时代思想政治教育方法创新的理论

思想政治教育方法与思想政治教育实践相伴而生，是达成思想政治教育目标和完成相应任务的方式和手段，起着重要的作用。随着时代的发展，思想政治教育方法本身就需要紧随时代发展的步伐、根据教育实施的客观现实、顺应时代任务的变化和教育对象的需求而不断优化创新，以满足教育者、受教育者的双向需求，协调思想政治教育其他要素的关系。因此，思想政治教育方法一直以来都是学界内研究的重要部分，并结合不同时期的要求、引用相关最新技术成果以推动其创新发展。

一、大数据时代思想政治教育方法创新的内涵及维度

（一）思想政治教育方法的内涵

思想政治教育方法，就是教育者对受教育者在思想政治教育过程中所采用的思想方法和工作方法。具体而言，它是指教育者在遵循思想政治教育规律和受教育者接受规律的前提下，为实现教育目的在思想政治教育实践过程中以一定的理念、原则、要求为指导认识受教育者和对受教育者实施教育的一切方式、手段和程序的总和。在这里，思想政治教育方法按照教育实施的过程，主要包括两大范畴，一是思想政治教育认识方法，二是思想政治教育实施方法。思想政治教育认识方法也叫思想政治教育信息方法，是指思想政治教育者在认识教育对象思想与行为过程中所采用的方式、程序和手段的总和，包括思想政治教育信息获取方法、信息分析方法、信息预测方法等。它在思想政治教育方法体系中居于首要和前提地位。思想政治教育的实施方法也叫思想政治教育的工作方法，是教育者与受教育者在教育过程中所共同采用的方式。它是思想政治教育全过程的中心环节，在方法体系中居于核心关键地位。就系统要素论而言，其应包含指导方法选择和运用相应的理念、原则、要求以及方法具体的运用方式等。

（二）大数据时代思想政治教育方法创新的内涵

综合大数据和思想政治教育方法的内涵，所谓大数据时代思想政治教育方法创新，是指在大数据时代，将大数据的理论、思维、技术和方法嵌入思想政治教育方法（主要是信息方法和实施方法）的研究和运用过程后形成二者的有机、合理、协调融合引起的思想政治教育方法的优化、革新乃至催生新的具体方式以实现思想政治教育方法科学化、信息化、时代化和实效化。全面认识这一内涵需要把握以下三点基本要义：

1. 充分利用大数据

在大数据时代语境下探究思想政治教育方法的创新，要明确引用大数据的哪些维度。首先，大数据是探究思想政治教育方法创新的时代背景。在探究其方法创新时，需要正确审视大数据这一特殊时代所赋予的具体特点，尤其是思想政治教育方法面临的各种新形势、新任务以及机遇、挑战。必须站在大数据时代下探究思想政治教育方法的创新途径和方式，这一命题才能成立，以此避免"两张皮"的理论误区。其次，大数据是探究思想政治教育方法创新的有力支撑。从以上内涵的界定中看出，大数据并不只是思想政治教育方法创新的时代背景，也不局限于为后者提供载体一个方面，而是充分利用大数据所内含的相关理论、思维、技术和方法为思想政治教育方法研究和运用提供支撑，从而促进思想政治教育方法的创新发展。因此，大数据可以看作是思想政治教育方法创新的时代背景和条件支撑。

2. 正确认识大数据与思想政治教育方法的地位关系

在大数据时代，将大数据的相关有益成分引入思想政治教育方法中，明确二者的地位关系是基本。在此定义中，思想政治教育方法是核心和主体，而大数据处于辅助地位，其落脚点在于以后者的合理辅助推动前者进步与发展。"嵌入"一词的用意便在于此。"嵌入"是指在外力的推动下，事物临界点的"对接""凝合"特征或事物之间的互通、互补、互动过程，其作用方式是能量弱的一方"深埋"入能量强的一方，进而使事物结合体产生新的功能，它反映了事物之间互相吸引、互相适应的功能性特点。因此，一方面大数据与思想政治教育方法存在契合性，两者的融合将有助于后者功能的发挥，即实现思想政治教育方法科学化、信息化、时代化和实效化；另一方面在此命题中，大数据不能凌驾思想政治教育方法之上甚至架空后者，任大数据的思维、技术和方法如何先进都必须结合思想政治教育方法实际，遵循后者的规律和价值取向。思想政治教育方法站在自我科学发展的立场上引入和吸收大数据有益的成分，而后者以正向辅助性的方式推动前者的优化、创新。

3. 理清创新的外延和目的

"创新"是本命题的落脚点。不理清创新在此包含的具体外延，将对后续的论证带来理论陷阱。从词义而言，创新是指利用现有的知识和物质，在特定环境中，本着理想化需要或为满足社会需要，而改进或创造新的事物、方法、元素，并获得一定有益效果的行为。简言之，更新、创造新的东西、改进均可作为创新的范畴。因此，创新并非只局限于创造之前不存在的事物。同样的，大数据时代思想政治教育方法创新中"创新"的外延不再执念于必须创造出以往不存在的方法，而是以现有的方法体系为前提，吸收大数据有益成分为补充，达到方法的优化、革新乃至催生新的具体方式。其创新的目的——实现思想政治教育方法科学化、信息化、时代化和实效化便显得顺理成章。

（三）大数据时代思想政治教育方法创新的维度

在大数据时代背景下，思想政治教育方法抓住机遇实现对大数据有益的思维、技术和方法的借鉴吸收，将促进构成整个方法体系各要素产生相应的变革和优化创新。将大数据相关合理成分嵌入思想政治教育方法中，后者主要在两项维度上将实现明显的创新趋势，即方法的理念思维和具体方式创新。

1. 理念思维的创新

在思想政治教育方法大的体系中，思想政治教育方法的理念思维作为观念形态的存在，是对思想政治教育方法及其运用实践的客观实际的反映，也应该随着思想政治教育方法运用实践的发展而不断发展。从创新的意义上而言，理念思维往往先于实践运用，因为前者是后者的先导，只有方法的理念思维能随着时代和现实要求的改变不断创新突破才能更科学地指导方法的具体实践运用。大数据时代不仅为思想政治教育方法理念思维的创新带来了时代机遇和现实要求，还明确地提供了具体的理念和思维，因为大数据在本质上说就是一种新的思维方式。其复杂性、动态性、系统性以及整体性的思维方式一旦嵌入思想政治教育方法之中并为后者辩证地改造吸收，将推动方法在理念思维上的优化与创新。因此，大数据时代，方法理念创新便是思想政治教育方法在大数据时代实现创新的首要内容维度和题中之义。

2. 具体方式的创新

在整个思想政治教育方法论体系中，方法的具体方式是关键。无论指导方法的理念思维如何科学与先进，都取决于方法的实施运用，即方法具体运作方式。无论是结合特定时代背景，还是利用某一运行载体，抑或是直击现实困境来探究思想政治教育方法的创新路径，其方法的具体方式如何实现创新突破历来是理论和实证关注的焦点。同样的，在大数据时代，即使一改以往普遍的研究范式，充分将大数据所含的相关思维、技术、手段和方法系统地嵌入思想政治教育方法研究和运用中探究其创新，其具体方式创新依然是探究的关键内容维度。这一层面的内容，主要包括大数据时代思想政治教育如何获取、分析、预测教育对象的思想行为特点、未来趋势，以及如何在原有实施方法的基础上，通过引入大数据使其科学化、信息化、时代化和实效化。

二、大数据时代思想政治教育方法创新的现实意义

在大数据时代背景下，深入地研究思想政治教育方法创新不仅具有重要的理论价值，其研究的现实意义也尤为突出。这主要表现在以下四个方面：

（一）回应信息社会催生的国家大数据战略要求

网络信息技术的发展，使全球各个国家和地区都被纳入网络大格局之中，并打破了传统社会的生存模式。伴随互联网、移动客户端的进一步普及以及网络信息处理技术的更新，人类在被网络传感设备检测范围内活动所产生的信息都会被完整地记录、存储起来，并作为一种资源得到利用，在社会各领域发挥重要的价值。这种信息社会逐渐进入以数据为主导的全新时代，即大数据时代。思想政治教育方法的运用，不仅需要以了解教育对象的思想行为特点和实际需求作为前提，也需要各种与之相配合的教育要素作为资源支撑，如教育素材、运用环境与载体等。这些要素既是实施思想政治教育方法的必备资源，也能在大数据时代被转化为一系列图像化、可视化的教育数据资源。当前的思想政治教育实效性的提升需要依靠各方相关部门的协同组成合力，不断促进教育资源开放共享。因此，在这一背景下，研究思想政治教育方法创新不仅是对国家大数据战略要求的积极回应，更是借此契机推动思想政治教育方法本身更具科学性、实效性、时代化、信息化的题中之义。

（二）适应时代发展创新高校思想政治工作需要

高校思想政治工作历来是高校一项重要的任务。时代的发展进步，使其面临的机遇和挑战、形势与任务也将发生相应的变化，这就需要不断推进工作方式的创新。大数据时代所带来的全新技术、方法乃至思维方式恰好契合了当前的时代任务和以上工作创新的出路。思想政治教育方法本身就与高校思想政治工作存在众多结合点，并构成相辅相成、协调配合促进的关系。因此，研究大数据时代思想政治教育方法的创新，一定意义上说也是结合时代发展的需要，对创新高校思想政治工作的一次理论与实证的探索。

（三）指导思想政治教育方法运用实践

思想政治教育方法只有通过在实践中的运用才能发挥其应有的功能和价值。其功能和价值发挥的效果好坏，需要一整套科学化的理论体系作为指导，这包括理念、思维、原则等要素。大数据天然包含了一系列新的理念与思维，而研究大数据时代思想政治教育方法

创新就是通过对大数据的深刻解读，深挖其与思想政治教育方法相契合的有益要素并嵌入后者研究和运用的体系之中，以推动后者实现优化与革新。这其中就包括在大数据时代下，思想政治教育方法如何创新以及运用的问题。因此，大数据时代所蕴含的独特思维方式与理念原则既能成为思想政治教育方法在理念层面创新的有益借鉴，更能达到对当前思想政治教育方法实践运用进行具体指导的效果。

（四）提升思想政治教育的整体实效

思想政治教育历经长期的实践探索和理论研究，形成了一套比较完整的体系，并在实践中取得了良好的效果。随着时代的不断演进，尤其是教育环境以及受教育者思想行为特点和需求的改变，当前思想政治教育也存在整体实效不佳的尴尬与困境。这就需要从思想政治教育各个要素中总结经验、推陈出新实现突破以适应不断变化的现实要求，而思想政治教育方法便是其中一大突破口和关键环节。大数据时代的来临，为思想政治教育方法的创新带来了时代机遇和现实动力。它一方面推动着传统思想政治教育的思维方式和方法实施的深刻变革与创新发展，另一方面也为提升思想政治教育整体实效提供价值。

第二节　大数据时代思想政治教育方法创新

的依据、动力和原则

思想政治教育方法对思想政治教育的实际效果起着至关重要的作用，自然也是后者的关键和核心要素。思想政治教育要取得实际效果，就得讲究方法和艺术。具体而言，思想政治教育方法需要根据时代变化和现实要求不断优化和创新。在大数据时代下，其所面临的时代背景、面对的具体形势以及教育对象的新的特点与需求促使其必须力求创新以实现自身的科学化、合理化水平。大数据作为一种伴随网络信息技术发展而出现的新生事物，不仅开启了一种时代，其包含的新技术、方法和思维方式也为当前思想政治教育方法的创新提供了进一步的科学依据和实践动力。同时，在二者实现相契合的条件下，明确必须在坚持何种原则下实现创新以及体现哪些新原则才能称为创新也是大数据与思想政治教育方法相结合后的共同要求。

一、大数据时代思想政治教育方法创新的依据

提出在大数据时代，将大数据思维、技术和方法嵌入当前思想政治教育方法研究和运用，探究其方法创新不是凭空想象和主观臆断，而是具有科学依据的。这种依据主要可以从、国内外形势以及教育对象特点与新需求方面加以佐证。

（一）新的国际国内形势对思想政治教育方法提出变革要求

就目前的国内形势而言，我国的经济社会改革进入攻坚和关键阶段。在这一形势下，党和国家站在时代发展的前沿，明确提出实施创新驱动发展战略，随后又提出新发展理念，并将创新摆在首要位置。这些政策性意见的提出足以表明创新之于国家和社会发展的重要价值。同事大数据在这一时期在国内也兴起并开启了一个全新的时代，逐渐对社会生活各个领域形成全方位的影响。大数据时代的来临，不仅是一场技术革命，更是一次社会大变革。在国家积极鼓励创新的背景下，大数据掀起变革的时代要求下，国家、社会乃至个人都应顺应时代发展的趋势，在社会生活的各个方面推动创新，与时代同步前进。同样，思想政治教育作为一项实践活动，其面临的形势、任务与环境也将发生变化，这就要求其在内容、原则、理念思维等层面因时而新，其关键一环的方法自然更不能一成不变。诚然，思想政治教育在长期的实践中也总结出了一系列行之有效的方法，但是在信息技术推动社会高速发展的大数据时代，许多传统的方法很难适应新的时代要求。这要求思想政治教育方法在继承传统的基础上，吸收最新成果不断推陈出新并催生新的符合时代要求的方式方法，进而充实整个方法体系。

（二）"00后"大学生思想行为的新特点和新需求

思想政治教育归根到底是一项关于育人的工作，其方法的选择与运用需适应教育对象的特点与需求。大数据时代之所以提出方法需要创新，一大原因便在于其面对的教育对象发生了变化。大数据时代恰好是"00后"大学生占主体的时代，其成长过程本身就与网络信息发展同步，不可分割。这一时代下成长起来的大学生思想行为必然出现新的特点，其对教育的需求也将有所改变。新特点与新需求的出现必然要求思想政治教育方法以创新的姿态予以回应。

1.适应"00后"大学生思想隐藏性与行为网络化的特点

这一时代下的大学生与网络信息技术普及相伴而生，其对网络信息的适应性更强，加之大数据时代信息的存储海量化以及传递的快捷化的特点，他们几乎能够率先接收到最新的事物，了解更早的实时动态，掌握更多的信息资源。这种现象的出现将导致的结果便是

传统的权威受到挑战与质疑。具体到思想政治教育领域，由于传统权威地位的下降，教育对象与教育者之间便极易产生隔阂、少有共同语言甚至出现不信任。大学生思想隐藏性新特点便由此出现。这一局面的出现，使得当前的思想政治教育方法创新显得十分必要。

首先，思想隐藏性特点暴露传统信息获取方法的缺陷。教育者对教育对象实施有针对性的教育，首要前提是了解和掌握后者真实可靠的思想信息，但思想隐藏性的特点使传统的信息获取方法无能为力。传统的个别谈话法即使能够进行，但其获取的信息可能是虚假的、错误的甚至是反面的，真实的信息反而被受教育者隐藏，其后果将明显降低教育的实效性甚至负效应。其次，行为网络化要求催生基于网络的信息获取法。隐藏的真实思想情绪毕竟需要通过某种方式得到释放，大数据时代下的网络更加开放共享、自由平等的优势使大学生往往把自己的思想、情绪、行为转向网络世界。在网络上，他们浏览网页视频、进行社交购物等，其行为的网络化偏向愈加明显。大学生在网络上留下的信息虽然零碎而感性，但毕竟是其真实的思想、情感、兴趣的呈现。因此，如要获取大学生真实、可靠的思想与行为信息，就必须打进大学生的网络世界并占领网络制高点，而要达到此目的，又必须掌握获取、分析这些大量零碎、感性信息网络处理技术。如前所述，由于传统思想政治教育信息获取分析方法存在自身的局限与缺陷，这必然要求传统方法正视不足以求改进实现创新才能适应"00后"大学生出现的思想行为新特点。

2. 满足"00后"大学生对教育动态图像化的需求

大数据时代不仅掌握海量化的数据信息，还追求数据结构的量化图示，这恰恰契合了大学生对教育动态图像化的新需求。目前，大学生"00后"占主体，通过现实的教育教学看来，传统的模式化、理论化的教育方法或教学方式往往不受学生的欢迎，这便降低了大学生学习的热情和积极性，其教育的实效性也受到削弱。相反，在教育教学过程中，教育者适时地采用动态直观化的形式往往能调动学生的兴趣，使其主动参与，并易于接受。因此，随着大数据的逐步深入，大学生对教育动态图像化的需求将更加强烈。在目前的思想政治教育方法体系中，并未出现具体以动态图像化为主要特征的方法，有也只是作为一种辅助性的案例对待，这明显不符合新时代教育对象对教育所提出的新需求。在这一背景下，思想政治教育方法就应借大数据所带来的良好契机进行自我优化，以满足大学生对教育动态图像化的需求。

二、大数据时代思想政治教育方法创新的动力

大数据时代不仅为当前方法的创新提出了时代和现实的双向要求，也给我们带来了一种新的技术和方法，更重要的是一种与其相适应的思维方式。这些有益成分一旦合理嵌入

思想政治教育方法中并为后者所吸收利用，将为方法的创新提供新的驱动力。

（一）大数据为其提供新的思维方式

大数据本质是一种新的思维方式，而思维又是行动和实践的先导。因此，大数据首先为思想政治教育方法的创新提供了新的思维方式，并进一步推动其在传统思维上产生相应的变化与革新。其提供的思维方式主要有：

1. 数据化的整体思维

所谓数据化的整体思维，是指大数据时代，推崇以占有全部对象所有信息为基础，以数据量化的形式呈现进而获取、分析对象趋于规律性特征信息的思维模式。这种思维模式区别于传统的局部化还原思维。之所以提出大数据这一思维能推动教育方法创新生成，原因在于：

首先，局部化的还原思维存在局限。由于过去缺乏能够认识、把握研究对象整体的科学依据，西方近代科学只好采用庖丁解牛、分而治之的方法。这种方法将整体的对象不断分解，变成更加微小，更加基础的组成部分，因此被称为分析方法或还原方法。其实，现在我们常用的抽样调查法也是受这种还原思维的影响。在以前，人们在分析一个事物或人时，习惯性的思维就是首先把其分解、还原为简单的几个局部，通过观察和分析局部的特点和表征，然后总结归纳整体的特性甚至本质。思想政治教育方法在获取信息方面同样存在这种思维方式，如研究大学生政治信仰现状，通常采用抽样调查，通过调查几个不同类型院校的大学生相关信息，然后从局部分析，进而总结归纳整体大学生政治信仰的现状。这种透过局部看整体的还原思维在一定程度上可以通过选取具有代表性的局部来分析、提取整体的共性，也能可靠地抓住事物的本质。但是，局部的还原并不能真正代替整体、共性并不完全包含个性，更何况个性较之于共性更复杂，更不能忽视，尤其是每个大学生的思想和行为。

其次，数据化整体思维鼓励催生新的获取方法。大数据时代带来的思维方式不再是用局部或样本来代替整体的思维，而是数据化的整体思维。当要获取教育对象的思想信息时，我们不再需要选取一部分人作为代表或样本，而是利用大数据的技术和方法，对每一位教育对象的行为细节进行提取和分析，从全方位、全局性、整体性上把握其思想动态，并针对性地对每一位教育对象进行思想政治教育。由此可见，大数据时代所呈现的数据化的整体思维就是用数据说话，兼顾每一个局部和个体，形成"样本＝总体"的科学整体思维。在这一思维引导下，教育者对创新思想政治教育方法便具有了一种支撑可能和动力趋向。

2. 现象性的关联思维

所谓现象性的关联思维，是指大数据时代，推崇通过事物直观的活动现象，并整合所有现象找出关联性来分析获取事物规律性特征的思维模式。这是一种基于因果关系分析思维之下的更直观的思维。这种现象性的关联思维也有利于推动教育者去创造新的信息分析获取方法。

首先，大数据时代下本质的因果关系思维具有局限。在传统的思维里，我们普遍认为现象与本质在根本上是一致的，现象是本质的外在表征，某一个现象的背后必然有其本质的规定性，这就要求透过现象抓本质。诚然，这种思维认识是正确的，也是马克思主义倡导的科学思维，但是这就造成一种思维定式——因果关系思维：每一事件的发生或造成的结果都是有原因的，并习惯透过每一个现象去分析原因，预测后果甚至推断其本质。这种本质性的因果关系思维反映在思想政治教育信息获取、分析和预测的实践中就表现为：我们常常通过观察教育对象平时习惯性的行为来分析其思想动态，甚至判断其品行的好坏，给以质的判定。然而实践证明，教育对象尤其是新时代的大学生的思想和行为是极其复杂的，我们很难在其复杂性甚至带有虚假性、隐瞒性、蒙骗性的言行中抓住其言行一致、反映本质的现象。

其次，现象性的关联思维彰显优势。大数据对过分执着于因果性和本质主义进行了批判，而提倡现象性的关联思维。因为在大数据的思维范式里，面对海量的大数据，我们已经很难找到每个数据的前因后果，很难确定所有数据间的因果联系。同样的，大数据时代思想政治教育信息的获取、分析和预测在思维方式上一般不做原因分析，而是通过把教育对象每时每刻所说的话、所做的行为，甚至表情转化成数据，并透过这些现象性的数据去分析其众多思想与行为所呈现的相互关联性，以提取和挖掘教育对象更真实可靠的信息，从而为思想政治教育实践提供更科学的依据。由于在这种思维指导下能更及时，甚至准确洞悉教育对象的信息，因而能激发教育者尝试相应方法的创新。

3. 动态式的混杂思维

所谓动态式的混杂思维，是指在大数据时代，倡导对事物进行一定时空范围内的全覆盖跟踪获，取其全部信息，从允许混杂信息存在的信息集合中分析获取对象规律性特征信息的思维模式。这与传统静态精确性思维形成对比。由于受局部还原思维的相关影响，我们在信息获取和分析的过程中大多采用抽样调查的方法，因此要求问卷的设计、信息的获取以及数据分析都力求精确无误，这就形成了一种固定式的精确思维。对小数据而言，最基本、最重要的要求就是减少错误保证质量。因为收集的信息量比较少，所以我们必须确保记录下来的数据尽量精确。在思想政治教育方法上我们也同样接受了这种固定式的精确思维。如对大学生社会主义核心价值观培育及现状的调研，我们会针对调查问题的设计进行反复的打磨和修改，在对问卷反馈的信息分析时也作仔细的审查和推理，以确保调研从开始到结束各个环节都做到精准无误。这是因为收集信息的有限意味着细微的错误都会被放大，甚至影响到整个调研结果的准确性。

大数据不再只是一味地追求信息的精确性，而是允许混杂性，即追求信息的多样。在这种追求的驱动下便会产生一种动态式的混杂思维。因为大数据的特点就在于数据规模的庞大、数据来源和类型的多样、数据处理的高速，这些特点决定了其不惧怕任何混杂的数据与信息。同样的，思想政治教育方法的研究和运用也会因大数据技术的嵌入形成动态式的混杂思维。首先，我们将用动态式的思维去获取教育对象的思想和行为信息，因为在大数据看来教育对象每一个思想和行为举止都是动态发展的数据信息链，用动态式的思维去研究，才能更好地追踪和把握其思想与行为的规律和趋向性。其次，我们会形成系统的复杂思维，因为教育对象的思想与行为是复杂的，而大数据本身也是在复杂系统论的思想和理论的指导、影响下产生的，自身就是一个复杂的系统。再次，我们会形成混杂思维，即允许混杂而多样的思想政治教育信息出现在调研结果中，因为在大数据时代，我们完全可以用大数据技术认识大学生思想和行为的多样性，把握比较个性化的学生。因此，在这种思维的驱使下，教育者更倾向于催生相应的思想政治教育新方法来掌握学生思想行为信息。

（二）大数据为其提供新的技术支撑

准确、科学、及时地获取、分析、预测教育对象思想与行为信息，能为有效开展思想政治教育提供第一手资料和奠定前提基础。在原有的方法体系中，我们也十分重视对这一层面方法的研究与运用，并为后续的具体实施方法的运用创造先决条件。由于相关技术的限制，传统方法很难系统化、整体化地了解每一位教育对象的思想行为信息，这就影响了实施方法的针对性和实效性。大数据时代的来临，恰好为其提供了相关的技术，这也为其具体实施方法的创新提供了技术支撑和实践动力。

1.大数据提供新的信息获取技术

世界观决定方法论，理念思维引导方式方法。由于受局部还原思维的影响，加之信息处理技术能力有限，以往教育者在获取受教育者思想行为信息时也偏重小抽样的调研，比如访问调查法、抽样调查法、典型调查法便是思想政治教育普遍采用的信息获取方法。其明显的特点就是小抽样、抓典型以推整体。这些方法虽然具有灵活性强、富有弹性、节约成本、提高效率并有一定代表性的优点，但小抽样并不代表全部，样本也不等于总体。这就可能造成忽视个性，不能完全掌握不同教育对象的思想和行为动态，也就影响着思想政治教育的个别针对性及有效性。大数据时代所带来的技术恰恰可以破解这一难题。它通过云储存、智能终端、云计算等技术自动对每一位教育对象每时每刻所产生的网络行为进行记录、跟踪和采集，并通过科学的数据处理，形成其全部行为的数据整合，从而可以及时了解和掌握每个学生的具体细节，可以全面真实把握每个学生的思想动态。此外，大数据技术还能掌握与获取某一具体群体如大学生整体的思想行为与价值观趋向。因此，以大数据技术为支撑的大数据整合获取思想政治教育信息便成为一种方法运用趋向。

2. 大数据提供更量化的信息分析技术

定性定量分析是思想政治教育重要而常用的信息分析方法。在思想信息分析中，定性分析常用于判定教育对象思想行为的性质类型，考察其质的规定性。定量分析常用于判定思想或行为的强弱、发展的深度或广度等数量关系，考察其量的规定性。二者具有紧密的联系，一般将其结合运用，但是在实际运用中，以往更偏重对思想和行为进行定性分析。首先，人们认为人相对于动物具有鲜明的主体性和主观能动性，其思想是变动不居的，也是难以被准确把握的，很难将其思想进行数据化，而教育对象的思想和精神世界又更加复杂、活跃和易变，因此对其思想信息的分析更偏重定性分析。其次，数据越多，就必然造成信息的复杂化。模糊、不相关甚至是错误数据和信息的涌入，对信息分析造成干扰，而以往的信息处理技术面对庞杂的数据和信息难以破解。因此，以往对行为信息分析就只能在占有相关度较强但数量较少信息的基础上，分析判定其思想和行为的正确与错误、先进与落后、正常与反常，即质的规定性。

大数据更量化的信息处理技术便能突破这种局限，以数据跟踪为依据，对教育对象思想和行为进行透视，突出定量分析。它主要利用了人的数据足迹，通过数据足迹的跟踪和挖掘，一切思想和行为就会暴露。大数据利用云储存技术把学生在网络上进行的大量思想交流和行为举止变成海量的数据，并搜集、储存起来形成其思想和行为的数据库，通过云计算和智能的数据处理系统对学生思想行为进行客观化、数据化、科学化的量化分析，最后进行质的结果判定。整个过程既突出定量分析，又实现定性与定量分析的结合，这就增强了学生思想行为分析的可靠性。因此，大数据更量化的分析技术，就为思想政治教育方法的创新提供了这一环节的实践支撑。

3. 大数据提供更客观的信息预测技术

准确预测学生思想和未来行为是有效开展思想政治教育的重要保证。以往乃至小数据时代也注重对学生思想和行为预测，这种预测虽然也在充分调研的基础上进行，具有客观性，但人为的主观因素也尤为突出。首先，存在于对学生思想和行为信息的获取环节。一般而言，我们首先是对学生的思想动态进行理论预设，然后再去获取和搜集相应的现实信息。如对大学生社会主义核心价值观培育和践行现状的调研，首先是设计调查问卷，而在调查问卷的问题设计中，我们总是根据自己的研究目的为大学生预设答案。这种做法本身就带有信息获取者个人主观的预想，加重了信息预测的人为因素。其次，存在于对学生未来行为的预测。思想政治教育者主要凭借个人的教育经验，根据学生平时的思想动态和言行这些零散的信息进行推断，形成结果，进而开展思想政治教育工作。但实践表明，这种明显带有主观因素的预测有时并未真正与学生真实的思想行为一致，因而导致在思想政治教育中处于被动地位，影响了思想政治教育工作的及时性和实效性。

大数据在这方面提供了一种更加客观化的信息推测技术。大数据时代的思想政治教育信息预测虽然也带有人为预测的主观成分，但更注重以客观的数据为支撑，进行数据化的推测。因为，利用大数据，我们可以对学生的数据踪迹进行跟踪、处理和挖掘，对其以往的一切进行数据分析，并从过去准确地推测其下一步的思想和行为等。这种技术和做法其实在网络上已经很普遍，如通过大学生平时经常浏览的网页、网上购物所留下的数据信息，大数据技术可以推测其兴趣爱好，通过"猜你喜欢"推测其接下来的举动。这种利用数据的推测，就减少了人为的干涉，使信息预测更客观化、科学化，因此，便为方法这一层面的创新提供了技术支持。

（三）跨学科大数据信息人才涌现

在大数据时代，不仅大数据为思想政治教育方法创新提供了新的思维范式和技术支撑，其相应的专业化甚至跨学科人才涌现也提供了创新运用主体。这种人才主体资源表现在：

1. 大数据人才培养与研究机构兴起

人是实践的主体。大数据推动当前思想政治教育方法实现创新，关键在于拥有一批真正能掌握并驾驭大数据乃至清晰找准二者契合点的专门化人员和机构。大数据时代，随着大数据在社会众多领域凸显出的巨大价值，人们开始加强对其的研究、挖掘、利用与开发，以致相应的人才培养与研究机构逐步兴起。首先，大数据专业化人才培养出现。大数据的蓬勃发展必然造成对相应人才的需求加强，而人才的专业化培养便是大势所趋。高校自然便作为了培养大数据专业人才的主阵地。其次，大数据研究机构兴起。研究机构相对于人才培养更具理论性、专业性与系统性。目前，从国家到企业以至高校，大数据相应的研究机构也不断创立。在高校，其大数据研究机构已逐步开始为思想政治教育服务，如清华大学设置"行为与人数据研究实验室"、中国科学院创设的"云端理论前沿心理实验室"。在企业中，大数据的研究成果也为当前的思想政治教育所利用，如"百度指数"、"新浪微舆情"等。大数据人才培养与研究机构兴起的局面，虽然不直接作用于当前思想政治教育方法本身的创新，却培养了间接性的人才资源。思想政治教育本身是一项综合性强的应用型实践活动，其专业的内在品质在于博采众长并善于吸收先进的理论与技术为我所用。因此，通过科研合作，大数据专业人才与机构将协助解决大数据专业化的技术难题，为思想政治教育方法创新扫除技术障碍。

2. 本领域对大数据研究人员增多

内因是事物发展的根据和决定力量。大数据时代下推动思想政治教育方法创新的直接主体在于本领域的研究和工作者。随着大数据在教育领域的逐步推广，其与思想政治教育之间的契合点以及为后者所利用之处逐渐显现。在目前思想政治教育急需突破瓶颈以求取得实效以及大数据时代机遇下，本领域的众多研究者也开始转向对大数据的研究，并试图以此为视角和切入点深究思想政治教育方法的创新发展。因此，近四年来，将大数据与思想政治教育二者相结合的研究已成为当前本领域研究的前沿与热点之一，并取得了良好理论与实践成果。这不仅体现在公开发表的科研论文的数量增大和质量优化上，还体现在全国高校举办二者相结合的甚至跨学科的学术论坛逐渐增多上，如在华中师范大学举办的"大数据与思想政治教育创新"等。这一局面的出现自然是以本领域对大数据研究的人员增多为前提的，而在此基础上，部分研究人员已成为跨学科式的大数据人才。本领域的跨学科大数据人才将成为在大数据时代推动思想政治教育方法创新的直接人才资源。

此外，在大数据时代，业已形成的众多相应网络信息平台，也为思想政治教育新方法的生成、传统方法的优化以及创新运用创设了渠道空间与载体条件。因此，大数据时代下的思想政治教育方法不仅具有创新的必要性，更具备思维、技术、人员、平台支持等现实的可能性。

三、大数据时代思想政治教育方法创新的原则

大数据时代思想政治教育方法的创新不是主观的臆想与编造，而需要遵循与坚持一定的原则。这主要包括坚持方法创新基本的共同原则和契合大数据的特色原则。

（一）继承性与发展性相统一原则

思想政治教育方法的发展，是继承与改革的统一，既是批判地继承历史上思想政治教育方法的成果，又是在新的历史条件下不断改革和创新的过程。它是在继承与创新的辩证统一中发展的。因此，继承性与发展性相结合一直是思想政治教育方法创新的基本原则。在大数据时代下，探究方法创新时理应将其放在首位。这一原则具体指，在大数据时代下，将大数据的思维、技术和方法嵌入思想政治教育方法研究和运用过程中，既要继承传统的

优秀方法，又要借鉴吸收大数据特有的有益成分和要素推动后者实现创新发展。首先，坚持继承性原则。大数据时代既是一场技术革命，也是一次社会大变革的时代。时代的变化也为思想政治教育方法的创新发展提出了客观要求。但是，没有继承，其创新就无从谈起，丢掉历史与传统一味地求新自然也是背离时代的。思想政治教育方法是人类思想政治教育经验的积累与总结，其内容也是经过对我国传统思想政治教育和党的思想政治教育方法的经验总结和概括，经过实践的反复检验，证明是科学的。只是现实条件和要求的变化，部分方法存在一定的缺陷需要自我变革或再补充新的成分以求适应现实要求，但这并不全盘否定其方法。因此，继承传统才能为方法的创新奠定前提和先决条件。其次，坚持发展性的原则。大数据时代不仅开启了一个更加信息化、数据化的时代，更是带来了全新的思维方式、技术和方法。而这些要素在实践的探究中，我们发现其与当前的思想政治教育存在众多的契合点，并能成为推动其方法创新的有益补充。这一时代背景下，坚持发展性原则，就是要根据时代的发展和环境变化的影响，充分研究大数据，借鉴和吸收大数据所内含的与思想政治教育方法相契合的有利因素，推动后者对传统方法的优化、更新乃至催生出彰显大数据时代要求的新方法以增强教育的实效性和科学化。

（二）科学性与可行性相结合原则

这一原则主要规定方法创新时保证理论充分与现实可能，也是方法创新又一基本的共同原则，大数据时代也理应坚持。它是指，在大数据时代，促进方法优化、创新形式以及催生的新方法既要有充分的理论根据和规律性，又要在现实中具有操作的可能性。首先，坚持科学性。科学性是反映人们认识客观事物的本质及其规律准确性、深刻性程度的标志。大数据时代，坚持科学性的具体要求就是深刻理解大数据的理论观点和技术原理、遵循思想政治教育方法运用规律和理论以及大数据与思想政治教育二者切实存在的理论契合处，不可主观编造和毫无根据臆想。其次，坚持可行性。可行性原则就是指在引用大数据相关方法和技术后催生的新方法以及传统方法优化的形式具有现实的操作可能性与实际条件保障。这是方法从理论走向实践的关键。无论方法在理论层面被佐证多么充分、论证多么严密，其在现实中无法找到实施的客观条件和平台，也只能归结于理论甚至被认定为失败的创新。因此，大数据时代下的思想政治教育方法创新必须站在实践的基础上，从实际出发进行可行性分析后开展理论预设和推理，以此满足这一时代下催生的新的方法科学性与可行性共存的双重要求。

以上两种原则是任何条件或背景下探究思想政治教育方法创新都必须坚持的共同基本原则。大数据毕竟是一种涵盖技术、方法乃至思维方式等要素的新生事物，其具有自身鲜明的特点与优势。大数据时代，将这些同思想政治教育有契合性的因素嵌入思想政治教育方法研究中并力求优化和创新，创新的结果形式也应体现大数据时代思想政治教育方法独有的特征，即特色原则。

（三）网络灵活化原则

所谓网络灵活化原则，是指在大数据时代，利用大数据的技术和方法实现的思想政治教育创新方法生成、优化及其运用的场所在网络空间中凸显灵活化特色的原则。大数据时代，思想政治教育方法创新结果形式主要是引入大数据的技术和方法来实现，其自然带有大数据鲜明的特色与成分。首先，突出网络化。大数据的出现与兴起本身得益于网络信息技术的发展尤其是数据信息获取、云计算等技术的推广。因此，基于这一条件下生成的新方法乃至对传统方法的优化形式自然离不开大数据的信息源，即网络空间。大数据时代下的思想政治教育信息获取方法依靠网络空间中提供的信息资源、分析方法需要在大数据借助网络云计算、分布式计算模型条件下得以付诸运用，教育内容传播也依靠网络平台实现推送。其次，彰显灵活化。这一网络化的特色原则以及大数据本身动态式、多样化等特点又赋予了这一时代下形成的创新方法具有灵活化特色。一是满足个性化教育的需求。大数据时代下的信息方法能实现对每一位教育对象的行为信息进行跟踪获取、计算分析与预测，形成"样本＝总体"的效果。在这种条件下，教育者可以充分掌握学生思想行为动态并根据学生实际选择、设计和实施最符合学生接受的个性化教育模式与方法以致灵活运用多种方法增强教育实效。二是方法实施突破时空限制。传统方法的实施一般采用模式化、群体式开展，需要在特定的时间与场所下进行。大数据时代下的思想政治教育方法便能突破这一传统限制。在网络空间中，大数据通过信息推送方式可在合理的时间将教育内容传播给教育对象，不受特定时间的限制进行思想政治教育与方法的具体实施。此外，大数据通过数据模型建构将教育信息和内容从网络空间中图像化、立体式地提取出来，用于线下教育，实现教育方法网上线下自由切换，从而凸显教育方法实施的灵活性。因此，不坚持突出以网络化与灵活化相交互的特色原则下的方法创新，将不属于大数据时代下的思想政治教育新方法。

（四）数据可视化原则

所谓数据可视化原则，是指在大数据时代，思想政治教育创新方法在运用实施过程中，能将教育信息和内容通过数据量化整合的手段以直观可视的形式呈现并作用于教育对象的特色原则。大数据时代，一切行为和信息都能以数据化的形式整合起来，形成关于某对象的信息集合或数据库，并通过设置指标模型加之云计算、分布式分析建构生成出一系列反映数据背后倾向于性质的立体化、直观可视的图表。大数据这一技术将实现"让数据发声"。大数据时代下的思想政治教育方法运用同样应拥有这种特色，它将主要利用大数据实时信息处理技术，通过对受教育者实时思想信息的收集、加工和可视化处理，能够动态把握受教育者的思想特点及未来发展趋势，并能将教育内容以同样的方式呈现给教育对象。这种更具直观的教育方法既能让教育对象立体地了解自我以及方法实施的全过程，也能满足特别是"00后"大学生对教育动态图像化的需求，更能以数据化的信息作为支撑提升教育说服力与可信度。因此，大数据时代下的思想政治教育创新方法必然体现数据化与可视化相融合的特色，并将其作为这一时代背景下方法创新的特有原则。

第三节　大数据时代思想政治教育方法创新的表现和要求

大数据时代，思想政治教育方法既有创新的现实必要性，大数据与前者存在的契合点又使得其具有创新的技术可能性。结合大数据为其提供的新的思维方式以及可利用的技术、手段和方法，需要把握好大数据时代思想政治教育方法创新的表现以及应对要求。

一、大数据时代思想政治教育方法理念的创新

方法理念是指导教育者如何选择和运用思想政治教育方法的根本思想。大数据时代，大数据新的技术、方法和思维方式嵌入思想政治教育方法研究和运用中，首先将促进教育者在方法理念层面的创新和变革。

（一）系统整体性的理念

所谓系统整体性理念，是指在大数据时代，教育者在选择与运用思想政治教育方法时，注重系统化地把握全体教育对象，并综合协调、系统整合多种方法以提升思想政治教育方法实效的思想观念。大数据时代，之所以提出这一方法理念，其原因在于三个方面。首先，大数据本身蕴含的思维与技术支持。大数据的出现得益于网络信息技术的提升，并以复杂系统论和信息传播学为理论指导。系统论观察和分析事物具有一系列特点：相关性、整体性、有序性、模型化。这就决定了大数据从产生之初自身便是一种复杂的系统。同时，在对其相关技术的实际运用中，大数据又蕴含着与前者相契合的整体性、动态性、混杂性、相关性等新的思维方式。我们引入大数据探究方法的创新，就是借鉴吸收前者有益的成分

和要素，包括可与后者相契合的思维方式并提升为后者运用中应坚持的理念。其次，适应教育对象思行隐蔽复杂化的客观要求。大数据时代，又是教育对象为"00后"大学生占主体的时代，其思想的隐蔽性与行为的复杂性凸显网络化倾向使得以往的思想政治教育信息获取方法难以更加准确、全面、系统地掌握其思想与行为趋向。大数据的思维以及大数据信息跟踪整合的技术和方法将有助于突破这一瓶颈，实现对教育对象系统整体性地了解与掌握并倾向全体对象。这一要求放在方法理念上，就是系统整体性理念。再次，方法体系内在协同的需要。当前，思想政治教育方法已形成贯穿古今、涵盖纵横的系统体系，其内部各层次的方法具有较强的协同性、联系性并共同服务于教育实践以发挥实效。大数据时代思想政治教育方法创新既是对传统方法体系的补充与完善，更应坚持以系统整体性的理念来指导运用。基于此，大数据时代树立这一方法理念的具体要求是：

1. 力求系统全面把握教育对象

在思想政治教育实践中，对方法做出合理科学选择与运用的前提在于准确洞悉教育对象。大数据时代，坚持以系统整体性的理念指导如何选择方法、运用方法，就必须系统全面地把握教育对象。首先，关注全体对象。大数据时代，思想政治教育在信息获取方法层面不再仅仅利用抽样调查的形式，而是利用大数据信息跟踪、储存、分析等技术，实现对全体教育对象思想与行为的洞察，通过精准画像和可视化，建立关于每一位学生的信息数据链条。大数据时代，在这一层面坚持系统整体性理念，就是要实现将自己面对的教育对象由单个个体扩充到一定范围内自己能够关注的任何一个受教育者。其次，全面把握教育对象。大数据时代下的系统整体性方法理念，不仅力求方法将每一位对象的信息纳入其中，还要求更全面、立体、全程、动态式把握。在这一时代，大数据生存成为人们生活的新常态，每个人在大数据网络空间都会留下无法抹去的"数据足迹"，这些数据能够真实、全面地反映人们的言行举止。大数据时代，运用信息方法时，就是要充分利用大数据获取、储存技术对教育对象在各种网络平台、移动终端以及其他被网络监测范围内所产生的行为足迹进行跟踪记录，并以大数据云计算、分布式计算技术、相关关系分析方法对其进行数据挖掘与处理，形成整体画像，并及时更新，从而系统整体地把握教育对象行为、思想乃至价值观趋向，为后续开展针对性教育创设前提。

2. 注重整体协同运用多种方法

大数据时代下的思想政治教育方法，将构成更系统、更紧密的体系。首先，从过程的角度而言，它将突破以往在方法运用中实行的"认识—实施—反馈"这一固定延顺化的步骤模式，在教育实践过程中合理适时交叉，整体协同。大数据时代，教育对象每时每刻的行为都能被大数据信息获取方法所"截获"，这包括方法实施在教育对象后产生的结果反馈信息。由于大数据信息获取动态性、及时性，网络传播快捷性的特点，三阶段的方法将在运用过程中螺旋式甚至跨越式进行。因此，坚持系统整体性运用方法，就是要在坚持系统有序的前提下，协同各阶段方法的运用。其次，从横向的角度而言，教育实施要达到良好效果，仅靠一种方法是难以实现的，通常是多种方法的共同使用、综合运用。大数据时代，坚持系统整体性的方法理念，也要求教育者在各层面方法实施过程中，运用多种方法使其相互协同、整体配合、形成合力以达到强化思想政治教育效果的目的。在大数据教育实施方法运用中，一方面，借助网络和大数据运用平台，通过大数据教育内容推送法对学生进行即时线上教育；另一方面，将大数据掌握的信息和内容，以建构模型、量化图示等立体可视化的形式在线下结合理论说服法对学生开展思想政治教育，形成线下线上教育方法相结合，相配合的局面。

（二）个性化教育的理念

所谓个性化教育理念，是指在大数据时代，基于大数据准确掌握教育对象思想行为的技术条件下，尊重和根据个体差异，选择和运用适合教育对象的具体方法并对其开展个别化、差别化、有针对性教育的思想观念。这一理念在思想政治教育实践和方法实施中一度被视为最高的价值追求，也是以人为本这一核心理念的具体化。从定义看出，能否洞悉所有对象的全部信息并掌握各自独有特点与个性是这一理念付诸实际的关键所在。在大数据之前，迫于技术和条件的限制，传统方法无法实现对每一位教育对象进行信息的全面采集，也难以立体准确地掌握其思想行为动态以此把握其个性，也就更无法真正做到为每一位学生实施个别化的教育。大数据时代，其相关的技术和方法以及以此带来的条件改变，为这一理念的落实创造了现实的可行性。首先，大数据信息获取、挖掘、分析和处理技术能实现对每一位个性化、差别化的教育对象全面信息的掌握，这包括思想、性格、爱好等主观信息，为个性化教育理念的实施提供了技术前提。其次，各种网络条件支持。大数据伴随着网络信息传播技术的改善而兴起。在大数据时代，网络化普及提升，教育对象行为网络化偏向，大数据信息传播平台拓宽，为这一理念的实现提供了条件支持。基于此，坚持这一方法理念，应做到以下几点要求：

1. 尊重差异，满足个性化需求

通过大数据技术和手段，所有教育对象的兴趣爱好、关注热点、思想情绪等反映个性特征的信息都能为教育者所洞察。每位教育对象都是富含特殊性的存在，其个性特征自然具有明显差异性，对教育方法的接受和需求也有所不同。大数据时代，坚持在这一理念下进行思想政治教育方法的甄别选择与运用实施，教育者首先应正视每位教育对象的差异，以学生的客观实际为根本，满足他们个性化的需求。其一，尊重个性化差异突出针对性。根据大数据获取教育对象个性化特征，在方法选择时，按照教育对象的实际情况有针对性地选取合适的方法。在方法运用过程中，根据大数据掌握的信息，推断出不同教育对象的兴趣差异性与行为动态，并借此制定差别化的思想政治教育实施方案，选择恰当的时机，以其乐于接受的方式开展针对性教育。如根据大数据足迹跟踪和定位技术，了解教育对象活动热点与频次，推测其关注的兴趣点及爱好，据此选择和实施符合教育对象心理接受的方法。同时，通过其在网络关注点停留的时间段的大数据整合，从而抓住学生的碎片化时间并选择最佳时机对其进行思想政治教育内容的推送，以提高教育方法实施的及时性与有效性。其二，重视教育对象合理的个性化需求。人们为之奋斗的一切，都同他们的利益有关。教育对象在接受具体的思想政治教育时，自身有其追求的独特需要与利益关注并以此来提升自我。大数据时代，由于能够通过大数据的技术与手段获取教育对象的个性化需求，教育者就应该在方法选择和运用时，突出对教育对象的利益关怀与需求关注，根据教育对象的需求热点、层次以及的实时变化，制定精细化、个别化的教育实施方案，并适时做出改变与优化。

2. 转变模式，创设个性化平台

大数据时代，个性化教育的核心是根据数据分析结论和思想行为的可视化描述，针对不同教育对象采用相应教育对策的教育过程。由于技术和条件的限制，以往的方法运用一般采用固定集体的模式。这一模式的出发点虽然也力求根据教育对象的需求和接受倾向选择和运用最合理的方法以求实效，但其毕竟只能"照顾"大多数，且从一开始便融入教育者较多的个人经验式推测成分，也就容易忽视不同学生的特殊性与个别差异性，以致个性化教育无法真正实现。因此，大数据时代，在思想政治教育方法运用中突出个性化，就不得不转变以往运用模式，并努力创设方法运用的个性化服务平台。一方面，方法运用模式要实现三个转向，即固定集体式转向动态个体式，线下单一式转向线上线下互通式，教师单向式转向师生互动式。另一方面，为支持以上运用模式的转变，还应创设个性化教育服务的平台或条件。针对大数据时代下的思想政治教育方法通常在网络环境下运用的情况，教育者可创设信息在线推送平台、易班平台、一对一交互平台等。

（三）建构生成性的理念

所谓建构生成性理念，指的是在大数据时代，教育者在教育方法的运用时，注重通过模型建构、量化可视、图像展现形式将获取的思想政治教育信息和内容呈现给教育对象，以此激发教育对象主体参与，引导教育对象自觉接受，促进教育对象内化生成以实现教育目的的思想观念。从此概念看出，它包含两层含义：一是思想政治教育信息获取与内容呈现的模型建构与图像生成；二是引导学生对思想政治教育知识的主体建构与内化生成。

大数据时代，提出坚持这一理念，既是对建构主义教育理论核心要义的有益借鉴，又是对大数据能实现思想政治教育信息与内容数据化、立体化、图式化等趋向可视化效果的技术引入，更尊重了这一时代下学生对思想政治教育图像化的新需求。首先，建构理论的借鉴。建构主义最初来源于学生的认知理论，并逐渐被推广到整个教育界。其核心要义是，以学生为中心，在教师的引导和帮助下，强调学生对知识的主动探索、主动发现和对所学知识意义的主动建构。它既尊重学生的主体地位，又不忽视教师的指导作用。思想政治教育既是教育者施教的过程，也是受教育者自我教育的过程，教育者教育作用的发挥，离不开受教育者自身的主观努力。思想政治教育方法选择和运用需要正视教育对象主体因素的要求，恰好与建构理论倡导的教育思想存在契合点。其次，大数据技术支持。思想政治教育方法运用要实现这一理念，需要创设必要的情境或条件。大数据时代，其所带来的相关技术不仅能对教育对象的行为进行跟踪记录和保存，还能通过建立数据模型和分析指标实现数据化呈现，并作为一种教育资源服务于方法运用过程中。它把受教育者思想行为以数据方式进行汇集，整合不同领域数据，根据评估体系对个体或群体进行可视化的精准图示。并结合教育实际需要将其展示在教育对象面前，以此引导其自我发现问题、反思总结并将教育内容内化生成。再次，教育对象新需求。如前所述，大数据时代下的教育对象具有对教育实现动态图像化的需求。一定意义上讲，需求的满足有助于兴趣点的激发。大数据不仅能对教育对象的行为进行精准画像和数据量化，也能实现对教育内容的图像化，如视频、曲线、动画等。通过图像化的展示，激发教育对象的兴趣，进而实现主体参与和内化生成的效果。

基于此，大数据时代，坚持这一方法理念，需做到以下要求：首先，信息获取方法运用时注重模型建构。教育者通过建立相应的数据模型对记录下来的信息进行清洗过滤、分类挖掘、整合提取，形成一系列反映教育对象不同方面的思想行为动态信息以及可利用的教育资源。其次，实施方法运用时注重量化图示。在模型建构分析生成信息和内容结果的基础上，进一步将其可视化处理，形成相应的视频动画、曲线图标等立体直观形态。一方面立体式了解教育对象的主观信息和行为趋势，另一方面将其运用于现实教育环节，以数据佐证理论提升思想政治教育说服力。再次，注重学生主体性激发，引导内化生成。人只有在实践中获得主体地位，发挥主观能动性，才能在生命活动中发挥自身潜能。坚持这一理念，最终的落脚点在于促进学生对思想政治教育知识的主体接受，并内化生成。因此，通过大数据模型建构和量化图示获取以及呈现思想政治教育信息与内容以及辅助教育实践的条件下，教育者要在方法运用全过程起主导作用，切忌一味单向式的灌输，而是注意激发学生主动参与的兴趣，促进受教育者主体意识充分发挥作用，实现"教师引导、学生建构"的以师生双向互动式开展思想政治教育的局面。

二、大数据时代思想政治教育方法的具体方式创新

大数据最关键的要素在于信息获取、分析、预测以及传播的技术和手段。大数据时代，思想政治教育方法通过吸收大数据有益的相关技术，将催生出以下几种具体的思想政治教育新方法：

（一）大数据定点追踪法与群体热点整合法

准确掌握教育对象的真实思想行为信息是实现思想政治教育有效性的基本前提，而这一层面的具体方法也在整个方法体系中居于基础地位。大数据所带来的核心技术和关键手段也在于能全面、系统地跟踪记录、获取挖掘、分析处理事物在网络空间中活动所产生的一系列数据，其中包括人的行为活动。在大数据时代，这一方法层面的主要形式有：

1. 大数据定点追踪法

所谓大数据定点追踪法，是指运用大数据的定位和实时跟踪技术，对某一特定对象在网络空间中的活动足迹进行追踪记录，并以此建构数据信息计算和处理模型，分析掌握该对象最近一段时期内思想和行为动态的方法。其具体操作步骤是：

首先，确定信息采集源，即明确哪些网络信息平台或软件对其进行足迹追踪与记录。大数据时代，网络将进一步普及。物联网、移动终端、网络传感设备、监测平台等都能无时无刻记录着每一个人的活动足迹。这些自然也可以成为教育者获取教育对象信息的源头。

其次，进行信息数据分析。在大数据信息跟踪采集的基础上，通过云计算、分布式计算等大数据配套的处理技术按照一定的模型和指标，对教育对象的网络活动轨迹进行量化分析，从而得出其思想行为等信息。如根据学生经常浏览的网页视频，分析其兴趣爱好与近期关注点；根据学生在社交平台上的言论并加以舆情监测，分析其思想动态；根据学生出入场所的频次，分析其行为趋向。

再次，全息数据整合，获取教育对象信息。通过对教育对象定点的足迹跟踪记录和分析，将不同指标下的信息进行整合，从整体的角度全方位判断教育对象的思想观念与行为动态，即在量化分析的基础上给予对象趋于质的判定。这一方法形式主要遵循大数据时代系统整体性理念要求，并充分仰仗大数据能实现对每一位教育对象的信息进行获取的技术支持。其明显的优势在于能对任何一个教育对象进行网络全程无死角地跟踪，进而掌握其

个性化特征，也有利于针对不同特点和需求的教育对象开展个性化的思想政治教育和服务。

2. 大数据群体热点整合法

所谓大数据群体热点整合法，是指在大数据获取全体网民（教育对象）海量数据的前提下，通过大数据信息整合、过滤清洗技术对选定的某一群体进行网络热点分析，借此掌握该群体普遍的思想行为特征、兴趣需求、价值观趋向等信息。第一种方法形态主要针对某一特定教育对象思想行为信息的获取，而大数据群体热点整合法则是运用于对群体思想行为信息的把握。当前，众多网络平台或软件已为该方法的运用提供了借鉴和服务，比较常见的如百度指数、新浪微舆情、网络热搜等。在百度指数中，可以在检索栏内输入指定的词条、词源如"核心价值观"关注度，该软件将根据搜索者限定的目标群体自动生成相应的信息图表；而在新浪微舆情中，其将网民针对某一网络热点话题的点击、评论、下载等数据频次进行大数据整合，形成不同群体的关注热点图。因此，思想政治教育引入大数据所包含的信息整合技术并创设这一获取法正是借助了以上相应的模式。教育者在运用这一方法时，首先依然是以充分占有所有教育对象网络活动信息为前提；其次基于此前提了解并整合近一段时期内社会发生的重要事件以及热点话题，尤其注重与思想政治教育内容具有相关性部分；再次通过大数据信息整合与云计算处理技术生成教育对象对所有话题的关注热点图与频数分布，以此分析获取教育对象近期普遍思想行为动态。

（二）大数据活动预测法

所谓大数据活动预测法，是指在大数据时代，基于大数据对教育对象在网络监测空间中活动足迹所形成的数据信息存储整合的前提下，利用大数据预测与相关关系分析技术，推测其未来思想行为等信息以施加预防教育的方法。利用大数据信息挖掘与足迹跟踪技术，教育者能全面洞察教育对象过去的行为轨迹和当前的真实动态，也能在此基础上通过云计算与机器学习等技术科学、客观地推测其未来一段时间内思想动态与行为趋向，进而做到未雨绸缪，进行有针对性、及时的预防或干预。由于建立在相关关系分析法基础上的预测是大数据的核心，我们可以从人们一系列活动轨迹中挖掘出相关物，并以此推测未来动向。大数据这一技术目前在众多领域得到了运用。如各大网络购物平台通过整合消费者以往的消费信息，推测其未来购买需求，并及时精准推荐。大数据活动预测法就是引入大数据预测技术探索出来的一种思想政治教育信息获取方法。这一方式运用的具体步骤是：

首先，搜集活动信息。同大数据定点追踪法获取教育对象个体当前思想行为信息一样，大数据活动预测法也以全方位获取教育对象活动轨迹为运用的第一环节。大数据时代，教育对象每时每刻的情感表露（言论、表情）以及行为活动都能为网络传感设备记录、存储，尤其是在网络平台留下的足迹信息。这些信息将不断汇聚形成系列海量化的数据集合，即反映教育对象当前一段时期内思想、情绪、行为等信息链条。教育者可利用接收、记录这些信息的网络终端平台搜集特定教育对象的活动数据信息。

其次，信息数据整合，挖掘相关信息。通过大数据信息记录、存储技术搜集的信息虽然全面而海量化，却是一种原始的、混杂的、零碎的存在。因此，教育者试图从中抓取可利用的信息，并进行预测还需借助大数据信息分析处理技术。通过大数据建模及计算整合技术，对教育对象在网络空间中留下的信息进行数据化整合与量化图示，形成其不同活动信息的幂分布。同时，在此基础上，挖掘关联信息。由于在大数据时代搜集的信息海量化，我们很难从众多数据中找到反映因果关系的信息，因而转向对相关信息的挖掘。通过在海量数据中挖取相关信息，并运用大数据提倡的相关关系分析思维及方法，归纳反映教育对象活动规律性特征，为科学预测创设前提。

再次，预测思想行为趋势。对教育对象未来思想、情感、兴趣等主观信息以及行为动向的科学化预测是借助大数据技术催生的这一方法运用的关键一环。教育者通过活动信息的搜集与整合分析，提取相应的数据化图表与走势曲线，以大数据为支撑，科学客观预测教育对象的未来思想行为趋势。如通过对教育对象在网络社交平台的言论、情感表达以及相关信息的整合，预测其思想动态、情绪变化；通过整合教育对象对某一事物及相关物的关注、点击频数，预测兴趣偏好及未来行为。

最后，开展预防教育。对教育对象未来思想行为动态的科学预测最终目的在于提前准备、及时预防、体现针对性并提升思想政治教育具体实施的有效性。具体而言，对于教育对象表现出来的消极信息，教育者要及时开展有针对性预防教育与正面引导；而对于其积极信息，则要投其所好，进行个性化的教育。

当然，运用大数据活动预测法预测学生未来思想行为信息，在一定程度上而言改变了传统预测方法偏重主观经验转而提升了预测的客观性与科学性，同时也促进教育实施更显主动性与精准性，但我们也不可完全仰仗大数据推测技术而忽视教育对象的主体性的存在。由于环境或突发事件的干扰，学生可能会做出某种未来决策，但他（她）也随时可以自主地突然改变，做出其他选择。因此，我们在运用大数据活动预测法时，也应配合传统预测方法，并彰显主动性与人文关怀从而更全面地掌握教育对象的思想行为信息。

（三）大数据个体精准推送法与热点内容群体传播法

从传播信息学来看，思想政治教育方法的实施过程在一定程度上说也是将教育内容传播给教育对象的过程。大数据时代，利用大数据传播技术以及借助网络信息传送接收的便利，思想政治教育方法将催生出与大数据相契合的教育内容传播法。具体而言，这一方法的主要形式有：

1. 个体精准推送法

所谓个体精准推送法，就是教育者在通过大数据掌握每一位特定教育对象具体信息后，按照个性化教育理念，利用大数据信息传播技术在网络平台上向其精准推送思想政治教育内容以实现教育目的的方法。正如淘宝网通过对人们以往的购买记录或点击信息进行大数据整合，以"猜你喜欢"等智能形式向其推送相关产品一样，教育者也可借助大数据这一技术向教育对象推送相应的思想政治教育内容。运用这一方式进行思想政治教育内容传播，其操作步骤是：

一是，个体信息精准研判，即利用大数据信息追踪、记录、存储及相应的处理分析技术，精确研究和判断教育对象具体的个性化特征。这一环节通过大数据定点追踪法便能实现。在这一环节，我们可以利用大数据信息获取技术和手段掌握教育对象关注热点、兴趣需求、网络活动的时空分布、思想变动等信息，为下一步选择和传播思想政治教育内容提供可靠依据。

二是，教育内容个性化推送，即利用大数据信息传播技术，在网络平台上将特定的思想政治教育内容以符合教育对象个体化需求及特征的智能化方式推送给教育对象。按照精准研判环节所设定大数据信息分析整合指标，推送时有不同类型：如根据教育对象在网络空间中的足迹波峰，进行定点推送；根据停留的时段分布，进行定时推送；根据关注热点，进行相关内容推送。可见，个体精准推送法是在遵循大数据时代提倡的个性化教育理念指导下进行的思想政治教育内容传播及教育实践。它弥补了传统教育方法忽视个性的模式化教育的弊端，做到了从学生差别化需求与个性化特征出发，进行针对性教育的效果。

运用这一方式进行教育内容传播，需注意以下几点要求：首先，注重灵活化。个体精准推送法是站在大数据获取教育对象在网络空间中的活动足迹信息的前提下展开实施的。教育对象网络活动的多变性要求教育者在内容推送时注重形式的多样化、网络途径的丰富化。其次，注重隐匿化。教育者切忌将教育内容以显性直白的方式直接推送到教育对象正在关注的网络页面上，而是根据大数据的分析技术，掌握教育对象不同兴趣需求，以其乐于接受的形式进行推送。这里主要包括思想政治教育内容的潜隐化和传播方式的隐藏化。再次，注重碎片化。思想政治教育的内容涉及面广，而教育对象在同一网络页面上停留的时间具有不确定性且短暂。网络微传播的高速流动性催生了对信息的快速阅读和传播的需要。因此，利用大数据个体精准推送法进行内容传播，不可同传统方法一样进行系统、专题式传播，而是将教育内容按照一定的指标进行分割，形成内容碎片，以教育对象即时关注的网页内容为参照提取具有相关性的教育内容进行推送。教育者将教育内容多次分割推送，最终实现教育目标。

2. 热点内容群体传播法

所谓热点内容群体传播法，是指根据大数据掌握群体普遍关注的热点信息，教育者甄选相关思想政治教育内容进行网络传播以对这一群体对象进行思想政治教育的方法。大数据不仅能对具体的某一单体对象的思想行为信息进行获取分析和精准研判，也能整合群体网络活动的足迹信息，掌握特定群体普遍的思想行为动态。正如百度指数能通过大数据信息整合技术，对所有网民基于某一话题的网页点击量、搜索频次进行记录、存储和分析，进而生成相关的大数据图像模型，了解当前网民普遍关注的热点话题，以及对同一话题关注的相关侧重点乃至趋势地域分布，为相关决策机构和单位提供服务。大数据时代，思想政治教育也可借助大数据这一技术掌握群体对象普遍关注的热点，并甄选相关教育内容对其进行传播与教育。运用这一方式进行教育内容网络传播，其操作步骤是：

首先，选定目标群体。由于不是对单个教育对象进行内容传播，这一方式则需要确定特定的教育对象群体。教育者可按照具体教育实际与需要选定目标，并将选定的所有群体纳入统一的网络社交平台或互动交流空间中，如共同的 QQ 群、微信群、贴吧等社交平台，当然也可创设大数据相应的易班平台。

其次，获取群体关注热点。在这一环节上，大数据将彰显其对于群体信息整合的技术能力。如前所论，大数据时代下，每一位教育对象在网络空间中活动留下的足迹都能被记录，并保存在相应的智能云终端里，这自然包含其对具体事件或客观事物的关注信息。教育者借助云计算与分布式统计技术，按照提前预订的指标，生成群体一定时期内所关注的热点图像。

再次，甄选相关教育内容。根据与群体对象关注热点的相关程度，教育者甄别选择相关的思想政治教育内容时需区分两种类型：一是间接相关，即该热点本身不是教育内容，这种类型要求教育者进行相关关系分析，提取热点教育内容；二是直接相关，即该热点本身就是教育内容，这种类型教育者可直接选择作为传播的热点内容。

最后，内容网络互动传播。教育者将甄选的热点内容通过网络互动平台传播给该群体，以主体间互动交流的形式达到思想政治教育的目的。

（四）大数据网络数据库法

所谓大数据网络数据库法，是指在大数据时代，通过大数据信息资源存储整合技术，在网络上通过建立思想政治教育内容的资源大数据库，来传播教育内容并达到教育目的的一种方法。这种方法主要是基于大数据时代下，利用互联网强大的信息传播和存储功能，不限时和不限量下载或链接的功能和特点，将思想政治教育内容进行整合分类存储在网络云端上，以便教育对象按照自己的教育需求自主点击、下载相关内容进行自我学习。传统的思想政治教育由于时代和科技的限制，难以形成一种快捷可供循环使用的施教体系，也难以捕捉教育对象个性化的教育需求，通常采用固定模式化的教育形式。思想政治教育强调重视教育对象的主体性，而大数据时代也提倡方法运用时坚持建构生成性理念，要求注意学生对教育内容的主动建构与内化生成。通过建立关于思想政治教育的内容、资源的网络数据库，并实现开放共享，将满足教育者与教育对象的双向需求。一方面，教育者可根据教育实践需要，从中提取相应的教育资源和素材；另一方面，教育对象也可依据学习兴趣或疑点，从中检索相应的教育内容。通过这一方式，思想政治教育内容在学生自主学习的过程中实现了网络传播。

运用网络数据库法传播教育内容，其具体操作步骤是：首先，获取整合海量教育资源。大数据时代，网络空间中所有的信息都被记录、保存。与思想政治教育相关或可以利用的教育资源，如案例、视频、图像、文档等信息甚至是直接的思想政治教育内容也充斥在其中。教育者或教育机构可利用大数据信息获取、挖掘、存储技术，通过创设云计算平台或智能终端将以上信息资源进行整合，并形成海量化的思想政治教育资源系统进行存储。其次，建立相应的网络数据智库。在获取海量教育内容资源的基础上，通过建构大数据模型指标将思想政治教育内容进行分类，建立不同类型的子数据库以满足教育对象的学习需求。

（五）大数据引证法与引导自查法

大数据时代，大数据信息获取、分析、预测与网络传播技术不仅能帮助我们更客观化地认识教育对象，掌握更海量化的教育信息，还能以量化图示、立体可视化的形式呈现并提取相关信息。大数据引证法与引导自查法便是借助大数据这一技术成果催生的两种配合并优化传统的思想政治教育新方法。

1. 大数据引证法

所谓大数据引证法，是指在组织、传播思想政治教育教育内容和观点时，巧妙地引用大数据所形成的图像化成果作为证明观点或反驳观点的论据以提升教育说服力的方法。大数据所形成的某些相关信息集合便可作为一种可靠的事实论据。之所以认定其可靠表现在三个方面：首先，信息来源真实。大数据所形成的一系列信息集合虽来源于网络监测空间，但都基于人或其他客观事物在网络中的真实运动轨迹。其从原始数据的记录、获取、整合、处理、分析到最后形成反映整体状态的数据化呈现，都是通过云计算客观生成的。其过程除按照需要预设的指标外，不再有人为主观因素的干扰。其次，呈现方式适合引证。大数据时代下反映事物的状态与趋势提倡量化图示，注重可视化呈现，如图表、曲线、热点、数据等。这种呈现方式既有利于从网络中提取出来用于现实引证，也更显直观，具有说服力。再次，符合教育对象接受心理。如前所诉，大数据时代的学生更倾向于对教育动态图像化的需求。以大数据的图像化成果作为论据佐证传播的思想政治教育内容和观点恰好契合了学生这一特点与需求。因此，通过大数据引证法辅助配合传统理论说服法开展思想政治教育，将是对后者的一种优化。

当然，运用这一方式时，需注意以下几点要求：首先，明确主次。大数据引证法只是用于辅助配合传统理论说服教育法，以提高理论观点的说服性和易接受性。因此，在这一方法运用时，传播理论观点及说服教育是主要任务，通过大数据引证则是一种外在的强化与辅助。其次，注重引证代表性。按照一定的指标，大数据所形成的关于某一具体现象的数据化图示及其类型比较丰富。这就要求教育者在提取大数据图像化成果进行引证时，需根据实际思想政治教育观点和内容以及学生的接受程度，选择具有代表性的大数据佐证素材开展思想政治教育和理论说服，从而达到教育的目的并提升教育的实效。

2. 大数据引导自查法

所谓大数据引导自查法，是指通过大数据量化图示的形式向教育对象呈现其在一定时期内活动表现所形成的关于思想与行为等数据化结果，引导其自我审查、总结、反思，进而改进和提升思想政治及道德素质等的教育方法。可见，这种教育方式是以现实的自我教育法为参照，利用大数据的可视化呈现技术催生的。教育与自我教育是相互联系、相互促进的两个方面。从某种意义上而言，自我教育更重要。因此，传统的思想政治教育也注重自我教育法的运用。然而，在如何全面、多元化引导学生了解自己的思想行为状况、程度以及前后效果方面，传统自我教育法却显示出弊端甚至无能为力。大数据海量化、动态化以及数据可视化的技术优势便弥补了这一缺陷。正如支付宝软件根据用户一年以来的支付情况，按照不同的指标，生成用户不同领域消费比例、时空分布的大数据图示，并帮助分析推测其消费行为合理性。教育者在为教育对象建立个人思想、行为动态的信息追踪记录数据库的基础上，按照一定的指标由大数据分析处理技术呈现教育对象各方面思想行为信息的数据、比例、曲线、活动热点图，可让教育对象直观地看到自身最近一段时期内思想行为动态以及前后对比，从而激发自我意识。教育者借此加以引导，便能更好地促进其自我改进与提升，达到思想政治教育的效果。

运用这一方式开展思想政治教育时，应注意以下几点要求：首先，确定合理的分析指标。能否根据教育对象的具体的活动数据分析生成反映其思想、行为趋于质的信息图示是引导教育对象正确认识自我并进行反思总结的前提。因此，教育者需选择恰当时限、划分合理维度来确定。其次，注重适时引导。这一教育方式虽然是以自我教育法为基础参照，落脚点在于自我教育，但教育者也可通过大数据掌握受教育者同样的信息。因而"大数据引导自查"中引导的价值便在于此。它并不仅仅在于通过大数据的图像化展示来引导教育对象自我审查，而是重视教育者在这一教育方式运用过程中的主导性，进而达到教育与自我教育协同作用的目的。再次，尊重学生隐私。这一方式由于是对教育对象的思想行为动态进行大数据实时跟踪和精准画像，其个人隐私难免也被教育者捕获。因此，教育者在进行引导教育时，须明确：获取教育对象信息是为了更优化引导教育和开展服务，并在学生接受的条件下开展个性化的思想政治教育与正确价值观引导。

三、大数据时代思想政治教育方法创新的应对要求

大数据时代，通过借鉴和引入大数据相应的技术、手段、方法乃至思维方式推动当前思想政治教育方法的变革与优化、甚至催生新的具体方式已然成为突破传统方法局限与困境、提升教育实效的一种有益尝试和现实运用趋向。作为从事思想政治教育及方法的理论研究和现实工作者，自然不应退避，而应站在时代基点，以开放、借鉴吸纳的态度应对这种趋向。对此，教育者自身需树立大数据理念思维，掌握大数据的实践技术和方法，继承协同运用新旧方法。

（一）树立大数据理念思维

理念引领行动、思维指导行为。推动这一时代下思想政治教育方法实现有益变革与创新发展，教育者树立大数据的理念思维是首要前提。首先，树立大数据的理念，培养大数据的意识。思想政治教育类属人文学科，其明显的特点在于注重理论解释与事实说服。这造成思想政治教育者在实践过程中存在普遍不重视数据的支撑作用和利用价值的现象。其明显的佐证就是在信息获取分析和现实教育中常采用事实案例而少有数据图表。由于现实中高校思想政治教育工作者普遍对大数据的重要性认识不足，缺乏大数据意识，所以在工作中存在一定的滞后性和盲目性，难以及时全面地了解学生思想动态，难以做到在学生问题产生之初就及时介入。大数据时代思想政治教育创新方法目的就在于优化传统方法在这一层面的不足。因此，大数据时代，教育者首先要重视大数据，认识和肯定利用大数据对于改善现有教育方法缺陷的价值。唯有从思想上认可大数据才能主动学习大数据进而引入、利用大数据相应的有益成分。其次，培养与大数据相应的思维方式。如前所述，大数据不仅表现为是一种数据信息丰富的海量化集合以及对其处理的先进技术、手段和方法，更是

一种全新的思维方式及变革，即数据化的整体思维、动态式的混杂思维以及现象性的关联思维。这一系列思维方式一旦嵌入思想政治教育中，还能实现方法的创新并催生相应指导方法运用的理念及其优化。因此，教育者在这一时代下，便应注重以上大数据思维方式的培养与内化，并以此为导向将其运用于思想政治教育信息的获取挖掘、处理整合和分析预测以及相关教育内容传播的全过程，以推动思想政治教育方法运用效果的提升与优化。

（二）掌握大数据实践技术和方法

大数据时代之所以能为当前思想政治教育方法的创新带来契机，主要是基于随其而来的关于海量化信息（这包含人的思想行为信息）的记录、挖掘、整合与分析处理等的手段、技术和方式方法，而大数据关键的内涵维度或内容要素正是其技术。懂教育又懂技术的人才，才能担负教育大数据的研究与实践工作。因此，推动和促进大数据时代下思想政治教育创新的具体方法与形式从理论走向现实并进一步提升运用的实效和可行性、广泛适用性，教育者掌握与大数据相关的实践技术和方法便成了关键一环。首先，学习大数据相关的技术。这包括计算机网络信息的基础技术、大数据信息跟踪录入与数据建模整合技术、云计算与分布式统计技术以及相关应用系统软件的操作技术，如爬虫软件开发与利用、SPSS软件等的操作与数据提取。不可否认，缺乏大数据实践技术的掌握是限制引进大数据实现方法创新及运用的一大因素，毕竟大数据本身对于我们而言是跨学科式的存在。因此，教育者在提升自我业务素质的同时，一方面可通过自主学习的方式掌握大数据的实践技术，另一方面加强跨学科交流与合作，尤其是与大数据相关学科和真正掌握大数据的人员"接洽"，寻找技术帮助与支持。其次，在思想政治教育方法的运用中，注重突出与大数据技术相适应方法的运用。如信息获取方法在传统调研方法的基础上突出数据化整合、信息分析方法在定性定量分析相结合的前提下注重定量分析、信息预测方法在发挥主观能动性的同时重视数据化推测。

（三）继承协同运用新旧方法

大数据时代所带来的全新思维和技术虽然对当前思想政治教育方法的革新有重要的借鉴意义，也可能引起其具体方法的变革并催生出新的具体方法形态，但这并不代表传统方法的过时甚至错误，因为变革本质上是一种创新发展、一种辩证否定、一种扬弃。首先，辩证看待传统方法。在思想政治教育方法体系中，传统的信息获取、分析和预测方法是被实践证明了的可靠的科学方法，而实施方法也是被长期沿用并发挥了良好效果，如理论教育法、实践教育法、榜样教育法等，只是这些方法在某一实施方式或者具体操作上需进一步改进以求完备，而大数据时代的来临恰恰为其改进送来了思维和技术支撑。其次，理性对待大数据。我们承认大数据在信息获取与处理分析技术上的先进，也肯定其之于思想政治教育方法创新的推动及借鉴价值。然而，我们面对的并不是一种简单的客观事物，而是具有主观能动性和思想行为主体性的"人"。从一定意义而言，大数据技术只能针对教育对象现实活动产生的现象性数据进行数理分析整合进而推测思想、情感、价值观等主观信息，却无法直接获取变化的思想，也难以甄别其原因，而在教育实施过程中，其也无法取代教育者的主导性与人文关怀。由于大数据本身的局限，这就要求教育者在利用大数据进行思想政治教育信息获取与教育内容传播时，应防止陷入"数据万能论"和"计算主义"。因此，在实践中，我们应该在继承传统思想政治教育方法的基础上，使大数据的新技术和方法充分融入其中，实现新旧方法的有效结合，以提高思想政治教育信息获取、分析、预测的科学化、合理化，教育内容传播的及时性、针对性，教育实施的易接纳性，实效性，进而推动思想政治教育方法的创新发展与优化完善。

第四章 大数据时代大学生思想教育路径革新——思维的转变

第一节 互联网思维的形成、特征及其种类

大学生作为互联网时代的原住民，是利用互联网最为活跃的群体之一，也是受互联网影响最深的群体。在这样的背景之下，大学生普遍接受和形成了互联网思维，并不自觉地利用互联网思维来分析问题、解决问题。因此，深入理解互联网思维的形成、主要特征及其种类对充分合理地发挥互联网的优势，并将其运用到大学生的思想教育引导工作中具有十分重要的现实意义。

一、互联网思维的形成

（一）互联网思维的产生

在多年的互联网发展的进程中，互联网所展现出的特征主要包括以下几个方面：第一以信息公平促进社会公平；第二网络开放、访问自由、信息共享；第三自上而下，激发首创精神；第四网络中立，工具无善恶；第五不断创新，永无止境。伴随互联网的发展，互联网这些特质持续地渗透到社会的方方面面，让人们的生产生活发生着革命性的巨变，不仅改变着人们的认知方式、人际关系、思维方式，也影响着人们的世界观、价值观。

（二）互联网思维的发展阶段

互联网思维的发展经历了三个阶段，第一是工具化阶段，第二是渠道化阶段，第三是思维化阶段。随着互联网技术的发展，每个阶段都有不同的体现。

1. 工具化阶段

工具化阶段，是把互联网作为工具，提高效率，降低成本。早先互联网是作为一个基础设施而存在的。在工具化阶段的互联网思维，重点解决通信问题和数据分析问题。互联网通过以文件信息搜索、创造、利用、传播为主题活动的方式来解决通信问题，以文件信

息挖掘、汇总、对比、分析、反馈等为主题活动的方式来解决数据分析问题。

2. 渠道化阶段

这阶段的互联网思维是把互联网作为生产的渠道，在产品的研发、生产、销售等不同阶段让消费者参与其中。随着互联网技术的发展和行业对互联网技术依赖程度的不断提高，互联网逐渐摆脱了工具属性，使线上、线下的产业与活动融合在一起。互联网思维把生活、事业融入世界，不受地域和行业的限制，所有行业都是相通交融的，这是因为互联网可以穿越时空，打破相关界限，产生和凝聚巨大的正向作用，促进经济、教育的发展，产生良好的社会效益。

3. 思维化阶段

思维化阶段是运用互联网思维来重构传统行业，实现组织、流程、理念、价值观的全面互联网化。第三阶段才是真的意义上的互联网思维，其在技术流、信息流、思想流、人流、物流等都发生了创造性的变化。教育可以通过互联网的创新技术和运营模式，来汇集、分析、创造教育者和被教育者的需求，随时随地进行互动交流，快速生产和迭代教育模式，并综合互联网的工具化特性和渠道化特性，来提升教育的效果，更好地达到教育的目的。

二、互联网思维的特征

互联网思维作为第三次工业革命的先导理念，一个时代的发展是由先进工具和其开创的变革来标识的，我们可以从技术角度来分析其对思维的影响。经验式思维又可以叫作自然化思维，是由原材料驱动产生的；而理性思维则是能源驱动的机器式思维；互联网思维则是数据驱动的智慧性思维。那么什么是智慧性思维？智慧性思维既不是经验思维，也不是理性思维，而是经过感性认识、理性认识，而直达解决问题的要害。互联网思维作为智慧性思维在于它有技术支持。互联网作为互联网思维的技术支撑载体，其自身的网状结构决定了它没有中心节点，不同的节点之间通过不同的机制都可以建立连接，虽然不同的节点在网络中影响力不同，能量不一，但是任何一个节点都不会拥有绝对的权威。因此互联网络其自身的技术架构就决定了互联网思维是一种体现社会关系的思维方式，是建立在人们之间相互交往、相互作用基础上的。拥有互联网思维方式，就以互联网的方式做事。互联网强调产品种类多元，小批量生产。所以我们说，互联网思维是个性化的思维。所谓个性化思维是人脑对客观事物的独特反映。人类思维中最富有生命力，形式最活跃、奇特和生动的思维形式便是个性化思维了。因此互联网思维拥有了以下特征：

（一）全球性

全球化是一个客观的历史过程，在当前时代是持续的、不可阻挡且不可逆转的。在这个过程中，互联网思维正在通过一种超越国家边界和国家主权的沟通、联系思维来推动经济全球化的核心，并通过信息化和网络化的方式，深刻影响了世界各国和各个地区的社会生活，尤其是各国经济、政治和文化的全球化。网络通信的快速、多变、无边界和多维性等特征不仅加速了全球化进程，解决了空间与时间的阻碍，也推动了不同的文化、思想、政治、经济等的全球性的融合，让每一个个体的触角能够延伸到世界的任何角落，并且也受到来自全球的影响。

（二）多维性

互联网思维具有多维性。智慧性思维是立体思维，是一种多元化、全方位的思维，是跳出了点、线、面的限制，能从四面八方以及整个立体空间去思考问题的思维方式。所谓的多维，即是指从多个维度去考虑一个问题。我们可以把多维看成纵向上的多维和横向上的多维。纵向多维即是一些有递进关系的维度，横向多维即是没有递进关系的维度。思考问题时，纵向维度的思维可以让我们的思考更深入、更透彻；横向维度的思维让我们的思考更广泛、更全面。互联网思维作为一种智慧性思维，即是要从多个维度去思考问题，纵向多维让我们对一个问题的认识更加深刻，横向多维让我们考虑问题更全面，发现更多可能性。解决一个问题时，我们应该将纵向多维思维和横向多维思维相结合，纵向上，对某一领域信息要有充足、深入地了解，不断探索问题本质，不断质疑结论，提出新的问题，并且能解决问题；横向上，广泛了解其他领域的知识，有针对性地探索一些领域的核心思想和方法，再结合不同领域的思想和方法来解决原来的问题。要把握好互联网思维的多维性，不仅需要有扎实丰厚的专业基础，也要有广泛的其他领域的基础。

（三）动态性

互联网思维具有动态性。互联网思维是一个动态概念，随着互联网技术的更新和迭代，其内涵与外延将不断发生改变和深化。在以往的范式运行模式下，科学技术是在既定的规则下解决难题的活动，具有明确的方向性。在不变的工作模式和思维的指导下，进行定型定量的生产，如流水式的生产工艺线等，没有创造性、机械的劳动。而现在的生产社会，是一个充满各种新鲜独特的设计、前所未有的创意和不断变化的策划的时代。任何事物都是动态发展变化的，这当中也包括整体思维方式的变革。

（四）系统性

互联网思维具有系统性。由两个或者以上的单元相结合形成的有机整体就可以称为系统，在系统中，其特性并不是每个局部的单纯相加，它有无限丰富的内涵与外延。系统性体现在互联网思维中，即是人们需要把整个系统当成一个整体认知，既要了解各个局部的性能和之间的联系，又要认识整体的结构和功能。互联网思维是对事情的全面思考，不只就事论事，一方面，对于结果、过程及其优化、影响等统一来进行考虑研究。另一方面，对局部之间、局部和整体、整体和环境等的关系要有一个整体的把握，这样才能站在全局，思考各个方面。只有思维建立系统性，才能抓住整体，抓住要害，并且不失原则地采取灵活有效的方法处置事务。

（五）去中心化

互联网思维具有去中心化的特征。在系统中有许多节点，每个节点的操作不受外界影响。节点和另一个节点可以自由链接以形成新单元。每一个节点在某个时刻都可能对全局有着重要的把控作用，但是又不是强制性的。节点相互之间会有影响，在网络中形成非线性关系。这样开放式、平等性的结构就叫作去中心化。当主、客体的之间相互作用的不断深入和认知结构的逐渐趋于完善、认知功能的不停的平衡，每个个体都有跳脱以自我为中心的可能。去中心化，是由节点来选择某一时刻的中心，这种选择是自由的，而非完全不要中心。在去中心化系统中，任何人都可以看作一个节点，都可以成为某一时刻的中心，但是无一中心能够保持永久，他们都是阶段性的，中心对节点没有强制作用。去中心化是相对于"中心化"而言的，随着互联网的发展逐渐形成的，同样也是社会化关系和内容产生形态。早期互联网时代，还是一些专业网站和特定人群产生和发布内容，但是在今天的网络时代，是一个人人都有麦克风的时代，全民参与，共同创造网络内容。每个人都可以通过移动互联网等工具在网络上发表内容，产生消息，随着网络形态的多元化，去中心化互联网模型受到更多人的认可，也越来越成为未来发展的可能。大部分的网络服务商提供的平台，平台上的所有人都可以参与提交内容，整个平台的内容是网民们共同创造的，这样的服务商就是去中心化的。如微信、QQ 的诞生，让更多普通网民参与到互动服务，降低了人们参与创造网络内容的门槛，提升了网民参与积极性。每个网民都是网络信息的编写者，让网络内容更加的多元化、扁平化。

（六）自组织性

互联网思维具有自组织性。组织指的是在系统内产生的一种有序的结构，或者是其结构产生的过程。从进化形式的角度来看，组织可以分为两类，一类是他组织，另一类是自组织。如果一个系统的组织是靠外部指令而产生，那么就是他组织；如果系统按照特定规则，各司其职且相互调节而自发形成有序结构，不存在外部的指令干预，那么就是自组织。一个系统保持和产生新功能的能力随自组织功能的增强而增强。在当下的互联网时代，我们了解到许多组织都打破了原本的职能划分，以小组或小团队的模式来运作，这就是我们说的"自组织"模式。这种"自组织"成员拥有共同的目标，分工协作，集体行动，并且集体自我管理。"自组织"的模式，弱化了僵硬的层级结构，能充分发挥网络状结构灵活机动的优势，以积极适应瞬息万变的网络时代，充分保障了个体自主性和创造性。自组织既是一个组织过程，也是一种治理运作模式。自组织具有极大的内部灵活性和外部适应性，同时，也具有相对较低的试错成本。自组织是一个自我增强的正反馈过程，一旦循环开始，除非外力介入中断，否则无须借助外力，就可以自我强化。而这个过程需要时间的积累，时间越长，能力越强。

（七）定制式

互联网的生产是以小批量、多品种为主的方式。不同于传统工业的大批量重复性的生产，互联网时代的产品大多可以根据用户的个人喜好和个人特点来产生符合单独个体口味的产品，这样小批量多品种的生产即是我们所说的定制式。而在当下我们追求个性、追求自我的背景下，定制式无疑会直击用户的内心。这样关注用户个性，以用户为中心的定制式的思维方式正是互联网思维的个性化体现。

（八）特色化

人人追求自我，追求个性，追求特色。而我们常见的互联网产品也是各自具有自己独特的特点。而这些特点，并非是那些宏大的理念，更多的是从用户出发，结合用户的需求和渴望，从一个点出发，将这一个点的特色发挥到极致，进而满足用户需求。从这个角度上，特色化和互联网思维中的极致思维不谋而合。将自身服务和产品做到最好，就是极致思维的核心，保持专注极致的匠人精神来打造让人尖叫的产品，尖叫就是用户的口碑，背后是超越用户预期的体验，一方面，抓准用户的需求痛点；另一方面，则是颠覆传统认知而吸引更多眼球。

（九）差异性

由于个体的差异性，互联网思维的差异性是显而易见的。每个独立的个体都有与其他人不尽相同的方面，都有着不同的思维。而互联网思维的差异性则体现在不同个体思维的多元化上。差异性思维就是依托各种各样的思维活动，从多个层次考虑，对事物进行多变量、多角度、多因素和多方面的研究考察。所以说，这是一种综合性的思维，表现在以下四个方面：第一，思维不仅仅局限于一个方面或一个角度，它可以从不同的角度、方面，从不同的思维程序和逻辑起点考察世界；第二，各种思维活动的并存和互相联结，事物的联系是通过各种思维活动多层次地揭示的；第三，依据一定条件，不同的思维活动、思维过程可以相互转化，不存在绝对的界限；第四，差异性思维是系统和综合的，和发散思维中的多向思维有所区别。

三、互联网思维的种类

（一）用户思维

1.用户思维的内涵

在互联网时代，我们深刻感受到信息的产生及其传播方式产生了很大的不同。他们不再是由少数人、权威人士制造，我们每个普通人都可以成为信息的发生源。传输信息的方式不再是一对多的单向分歧，而是演变为多对多的多向交互式通信。更为关键的是，在整个信息产生和传播的过程中，每个节点上的普通用户拥有了越来越多的选择权和话语权。此时此刻，不再是谁掌握了信息谁就是老大，而是谁拥有最多用户谁就是老大。在互联网这张大网中"人"成为是关键、核心，"用户思维"自然也成为互联网思维的核心。

所谓的用户思维意味着一切都以用户为中心，一切都以用户的需求为导向，一切都基于用户满意度，一切都是围绕用户构建的，而其他思维则在不同层面围绕着用户思维进行延伸。通俗来说，就是用户要什么你就给什么；用户什么时候要你就什么时候给；你可以提供更多、更高标准的用户需求；用户没想到的你要提前帮他想好，用户想到的你要提前帮他准备好。

2.用户思维的特征

用户思维的特征归纳起来可以用"SoLoMoPe"来概括。"SoLoMoPe"是四个英文单词"Social""Local""Mobile""Personalized"的缩写结合体，即：社交化、本地化、移动化和个性化。

（1）全社交

随着互联网的发展，互联网开放、透明、共享的特点日益显著，使得用户的参与度不断提升。特别是进入移动互联网时代，实时连接使得用户的参与成本降低，碎片化则延长了用户的参与时间，使得用户可以方便、快捷、自由地参与到信息产生和传播的各个环节中。无论是正向信息还是负向信息，都可以在社交媒体中迅速传播。"人人都是媒体人"的全民社交时代已然到来。现在各大网络论坛、直播平台，如知乎、贴吧、B站、校园论坛、抖音小视频、斗鱼直播等已经在网民中产生了很大的影响，大学生群体作为网民的主力群体，通过这些移动软件，也广泛参与到高校的日常管理，这种全社交的特点，使得大学生对高校的思想政治教育工作起到了监督和促进的作用。

（2）全渠道

有别于传统领域，用户受地域限制，互联网用户可以利用移动终端在任何一个网络可达的地点，不论国内还是国外，高山还是大海，不受限地接受服务，参与体验。这种全渠道的特点也融入在高校的教学中，学生既可以通过课堂教学，也可以通过慕课课程，甚至是借助直播平台，完成相关课程学习。如在国内我们可以通过网易"云课堂"等途径听到哈佛大学的《幸福公开课》，我们在家就可以聆听国学大师的国学课程，可以听到社会主义核心价值观的精彩讲述等。用户思维中全渠道的特点，让学生可以通过多种途径，获取资源。

（3）全时段

打破传统的朝九晚五模式，为用户提供 24×7 的不间断服务。互联网能够为用户提供365天全年无休、24小时不间断的服务，这是传统领域做不到的。高校的思想政治教育中，特别是心理健康危机事件预警工作应该是全时段为同学服务，如开通24小时的心理咨询热线等，以学生为中心，全时段关注学生的心理状态。

（4）个性化

随着时代的进步，科技的飞速发展，新技术的不断使用，产品品类不断丰富，用户从以往更多关注产品的质量和价格，发展到更加注重产品形式的多样性、质量的内在化。产品不再仅仅满足于用户的生理需求，更要满足其内心的需求。"00后"是互联网使用的绝对主体。他们生活在一个个性化的时代，更需要对他们进行综合调查、研究、分析后，结合社会和未来发展趋势，根据他们的目标和自身要求，量身定制与之相匹配的相应服务。而个性化在高校的思想政治教育中也备受关注，新时代要求全体教师注重因材施教，开展个性化的教学，通过一些个性化课程设置，以及各种类型的学生社团等，提高学生的参与性。

3. 用户思维对大学生思想和行为引导的启示

受互联网思维的影响，思想政治教育领域也有诸多变革，我们应该改变以往传统的教育理念，向"用户思维"转型，在进行大学生的思想和行为引导过程中更多注重需求性、参与性和实践性。第一，需求性。思想政治教育的服务主体是学生，在教育过程中，我们应该注重倾听学生的诉求，从以往的填鸭式教育到现在的定制式教育，从学生的关注点、需求点制订培养方案，授同学之所需。第二，参与性。增强学生在教育全过程的参与性，增加师生互动，打破"教"与"学"的壁垒，采用研讨式教学模式，强化学生在思想政治教育中的主体地位。第三，实践性。教育的目的不仅仅是让学生知其然、知其所以然，更重要的是以知促行、知行合一，做一个实干家。开展大学生的思想和行为引导，要增强学生在实践中的积极性和主动性，使学生在教育实践中得到极致体验，使其知情意行相统一。

（二）碎片化思维

1. 碎片化思维的内涵

在互联网思维中，碎片化思维是一个重要的组成部分，在碎片化时代，信息以微博、微信等新媒体为传播介质，让人们在零碎的时间里"创造"出碎片化阅读等形式，深刻影响着人们的生活方式。在高校中，将这种碎片化思维运用到思想政治教育过程中，将社会主义核心价值观等正能量的传播融入学生的碎片化时间中去。

2. 碎片化思维的特征

碎片化思维强调以人为本，主张满足主体需求性、个性化和自由化，主要体现在以下三个方面：

（1）时间碎片化

打破原有的时间轴。随着智能移动终端的普及，几分钟的时间，人们便可以阅读一条消息，聊几句 QQ、微信，处理一个工作情况等，然后再继续上一时段的工作，或者是同时进行多件事情的处理。合理利用碎片化时间，让人们的生活也变得更加高效、快捷。而将思想教育工作融入一个个微故事、微消息、微标语中，也是教育时间碎片化的一个重要体现。

（2）资源碎片化

根据个性化发展的需求不同，大家获取资源的储存位置也不相同，需要从海量的信息资源里面获取自己所需的资源。很多高校在思想教育过程中，通过对教育资源分类，让学生能够根据自身需要各取所需，提高了信息检索的效率。

（3）信息碎片化

随着信息技术的发展，信息、数据也呈现井喷式的发展扩大，并且这些信息的分布、传播方式、覆盖人群都呈现碎片化的趋势，通过不同的渠道在互联网中传播扩散。在高校中信息的传递不仅仅通过门户网站，同样借助公众号、贴吧、直播网站、短视频 App 等进行广泛的传播，让学生可以通过多种渠道收到相关信息。

3.碎片化思维对大学生思想和行为引导的启示

在这个碎片化的时代，碎片化思维也影响着高校的思想政治教育思维及方式。传统的思想政治教育多是通过课堂教学、学生谈话、活动开展等形式对学生进行教育，但是这样的方式存在传播面有限、效率较低等的问题。随着碎片化时代的到来，掀起了以微博、微信、微视频、微文章等为传播载体的"微文化"，思想政治教育也应该顺应时代潮流，改变思想政治教育方式，以"微文化＋传统思教"的方式，取长补短，让思想政治教育工作更加走心。在具体进行大学生思想和行为引导的过程中，构建教育微平台，依托短视频、微文章等，精心编纂内容，涉及大学生思想行为的方方面面，通过一个个简短、精练、富有意义的小作品，牢牢抓住学生闲暇的几分钟，让思想政治教育润物无声。再通过公众号、朋友圈、空间、微博等转发，有效地扩大教育引导的覆盖面，让大学生思想和行为引导工作落细、落小、落实。

（三）跨界思维

1.跨界思维的内涵

"跨界"就是在不同的行业范畴建立一个全新的系统或思维模式和方式。今天，随着互联网走向"大互联"时代，跨界成为必然趋势和普遍现象。然而，最困难的跨界不是跨越技能的界限，而是跨越思想的边界。所谓跨界思维，是一种新型的思考理念与思维模式，通过嫁接不同行业或领域的理念和模式，或者对其进行创新或改造，让原本毫无关系甚至相互矛盾的行业或领域相互渗透、相互融合，从而创造出全新的体系、结构或流程。在这个跨界发展的时代，在高校领域同样需要运用跨界思维，给传统的思想政治教育注入新鲜血液，通过"思政＋互联网""思政＋心理健康教育""思政＋志愿服务""思政＋科研课题"等形式，结合多方优势，让思想政治教育焕发新的活力。

2.跨界思维的特征

跨界思维具有以下特征：

（1）外向型

跨界思维属于一种外向型思维。其属性就是突破和颠覆，即敢于超越以往思维的局限，寻找到不同行业与领域、理性与感性、传统与创新的交叉点和关联性，或者在毫不相关的人、事、物之间构建起全新的连接。在思想政治教育方面，高校的工作者也需要积极进行调研学习，不仅仅是本行业的，同样对于一些运行良好的企业的管理模式、企业文化等都可以进行学习，以求不断开拓新的思路。

（2）三只眼

跨界思维是"三只眼"的全新思维模式。"三只眼"即是一种求异思维或者叫作发散性思维。它是不受传统思维点线面的限制，而是从多种途径、多个方向和角度去想象，以此探究多种答案和途径的思维。思考时尽可能多地去考虑问题，充分发挥想象力，突破原有的知识圈，通过知识、观念的重新组合，寻找更新更多的设想、思路或方法。

（3）综合性

跨界思维更具有综合性。跨界思维涉及多行业、多领域、多文化，所以更具有综合性，需要实现由多到一的融合创新。在这个前提下，对跨界思维者的要求就会更高，他们必须具备多行业、多文化、多领域的能力。

（4）痛点思维

在这个"大互联"的时代，一切瞬息万变，变革是这个时代唯一不变的主题，要么创新，要么死亡。跨界思维就是让"老鼠嫁给猫"，让不可能变成可能，就是运用已知的信息和条件，突破旧的思维定式、旧的常规戒律，产生新的生产力，带来新的契机和增长点。在思想政治教育领域，要改变传统教育的填鸭式、灌输式教育模式，要让思想政治教育更能够吸引人、影响人、改变人，要让思想政治教育变得有意思、有趣味。

3.跨界思维对大学生思想和行为引导的启示

跨界思维，启示我们要不断地打破传统思想政治教育的瓶颈，颠覆传统思想政治教育的壁垒，在"大互联"时代的今天，要运用跨界思维，多学科、多领域、多渠道地整合资源，营造全方位、无边界的思想政治教育平台，颠覆传统课堂时间和空间对思想政治教育的壁垒。一方面，教育载体跨界融合。AI为代表的互联网技术发展、以短视频等为代表的作品形式迭代，大大丰富了网络信息载体，思想政治教育也应该与时俱进，将思想政治教育课堂教学、视频直播、慕课教学、自媒体平台短视频等多种教学载体相互融合，根据学生关注焦点、学习习惯，推送相关思想政治内容，让学生在潜移默化中树立正确的人生观、价值观。另一方面，教育资源跨界融合。跨界人才是目前人才储备的一大趋势，要求人才具有多方面能力，所以就要求高校提供教育资源时，应该多学科、多领域地提供优质资源，打破资源壁垒，培养交叉学科人才。

（四）平台思维

1.平台思维的内涵

在信息大爆炸的时代，信息化的生产生活方式使得信息量急剧膨胀，网络上每时每刻都承载数量庞大、复杂性高且流动性强的数据信息。信息在网络上不断累积，信息的边界逐渐模糊，完成从量变到质变的转变，一个大规模采集、存储、分享数据的时代已然来临。所谓"平台"是指在一定范围内，将单一、分散的信息整合，由多个主体以实现共赢为目的，共同建设的资源共享的生态系统。所谓"平台思维"则是指在同一平台上，打破独立个体对信息的所有权，将信息对多个主体开放，在梳理信息之间的内在联系，挖掘信息的隐藏价值的基础上，实现对信息的共同使用，最终使得多个主体同步受益的思维模式。在新的互联网时代，应该是全国思想政治教育一盘棋的时代，可以不同学校根据自身的特色，进行"一校一品"的建设，但是对于一些思想政治工作的常规项目，还有一些好的学习资源，可以通过平台思维的方式，进行共建共享，同时也便于进行相互学习，从而实现教育资源的最大化。

2. 平台思维的特征

平台思维的特征简单来说就是共建、共享、共赢。

（1）共建

单一主体无法构成平台，平台必须是由多个主体参与的组织或系统。平台上的每个主体都必须参与平台的建设，为平台贡献力量。

（2）共享

一方面，平台上的每个主体对于生产资料、数据信息等具有共同开发和使用的权利，比如每个用户都可以使用电信、移动等运营商的服务。另一方面，平台上的主体之间通过多向的互动，互相为对方贡献数据价值，比如微信、微博等互动平台，如果失去了互动那平台也就宣告死亡。

（3）共赢

平台上的每个主体参与平台建设的形式千变万化，每个主体从平台上获取的利益也是多种多样。但无论如何，平台思维就是要保证每个参与的主体都能通过平台获利，这也是平台长久存活的根本。比如滴滴打车，乘客享受到快捷的服务，司机降低了空车率，平台收获了大量的司机和用户信息，广告商也在平台上推销产品，从而实现了 N 方共赢的局面。平台的建设使得产品从生产到推广达到"1+1 ＞ 2"的效果，构建了一个共建、共享、共赢的平台生态圈。

3. 平台思维对大学生思想和行为引导的启示

平台思维的共建、共享、共赢特征，为大学生思想和行为引导工作带来了更开放的空间和多元的可能性。启示我们，一是搭建高校互联互通的合作平台。通过一些国家级的高校思想政治平台，开发适合思想政治工作的软件及相关数据库等，加强地区间的交流和校际互动，让大学生思想和行为引导有活动、有生机；二是搭建思想政治教育共建共享的内容平台。形成大学生思想和行为引导的新载体，将优秀的思想政治教育作品共享，对每一个高校而言，既提升了思想政治教育作品的数量，又提升了思想政治教育作品的品质，大家共建思想政治教育平台，同时共享教育成果，多边共赢；三是大学生思想和行为引导与社会主流意识同向同行，坚持社会主义核心价值观。思想政治教育教育全国一盘棋，运用平台思维，建立开放、共享、共赢的教育引导载体。

（五）多元思维

1. 多元思维的内涵

在思维发展的过程中人们经历了一元思维、二元思维到多元思维的动态发展。一元思维又称为概念思维，强调的是因果关系，是一种单向的思维方式，在之前很长一段时间，人们认为人只有一种思维方式。二元思维是指可以通过事物正反两个方面进行思考的思维方式。多元思维又称为"立体思维""整体思维""多维型思维""全方位思维"，它强调的是能够跳脱点、线、面的范围局限，向外延伸、发散，从不同角度、不同空间，全方位地去思考，构成一个立体的思维方式。随着信息技术的发展、互联网的普及，多元思维也在互联网思维中占有重要地位。企业发展、教育教学再也不能仅按照之前的思维方式进行，而应采用多元化思维，全方面、全过程地创新性思考，所以多元思维也是一种创新思维。

2. 多元思维的特征

多元思维具有以下的特征：

（1）复合性

点式思维作为思维的起点，发展出了线式思维和平面思维，进而发展出了多元思维。点式思维是人们确定的一个思维的中心，它既无长度，又无宽度。线性思维是点式思维的延伸，它有长度但没有宽度，具有单一和定向的特点。当思维的中心和方向确定以后，从几个方面去分析的时候，思维就进入了平面思维。平面思维则是线性思维向纵横拉伸的结果。而多元思维则是突破时空的限制、眼界的约束、思维的定式，全方位、多视角地看待问题的思维方式。开放是多元思维的核心。多元思维既可以借鉴古今中外的思维方式，又可以借鉴定向和发散等多种思维方式，还可以借鉴数学、音乐、哲学等多学科的思维方式。多元思维是一种复合性的思维。

（2）整体性

运用多元思维对研究对象进行研究的过程中，既关注研究对象的各个方面，又关注其与周围事物的相互联系，并且不是单一地运用一种思维方式而是多种思维方式的合作。通过多元思维从而获得对研究对象最全面的整体性认识。

3. 多元思维对大学生思想和行为引导的启示

多元思维作为当代教育的核心要素之一，实施多元思维教育，是实现学生鲜明个性、独立人格和创造性思维的重要途径。在高校大学生思想和行为教育引导工作中，一方面，要把多元思维能力的训练作为重要的内容纳入教育内容中。在教育引导过程中，最大限度地调动学生的主体积极性，包容学生的"标新立异"，激发大学生的多元思维意识，提升多元思维能力，进而强化创新意识，提升创新能力。另一方面，教育者也应该运用多元思维的方式不断创新教育引导的方法和手段，营造和谐、宽松的教育氛围，为大学生多元思维能力的培养创造有利的条件。比如，通过多元思维改革试题、考评手段等方式完善思想政治教育的科学化评价机制。

（六）社会化思维

1. 社会化思维的内涵

社会化思维的含义是利用社会化工具、网络和媒体，重塑人与人之间的沟通关系、组织管理和运营模式的思维方式。随着移动终端的兴起和发展，只要有一个移动终端，就能在任何时间、任何地点与地球甚至外太空的人们分享心情和体会。伴随着这种在互联网上的频繁交流，基于共同爱好、价值观和社会关系的人群逐渐聚集，随之具有社会化特征的群落也逐渐形成。

2. 社会化思维的特征

（1）平等

在当今的移动互联时代，平等已经成为人与人交流的常态。在一个群落中每个个体都是这个群落的主人，每个个体都有自主表达自己的观点的权利，每个人的意见都会被听见和尊重，每个个体也都有参与群落管理的权利和义务。在学生的教育工作中，更应该平等地去对待每个同学，尊重同学们的意见和想法，给予学生爱护和尊重。

（2）互动

在这个"人人都是自媒体"的时代，个人用户从被动转向主动，从单向地接受信息转向双向的信息交流。以"个人"为单位的自媒体逐渐由弱到强，逐渐掌握了话语权，也拥有了足以匹敌甚至超越传统媒体的传播力。教师和学生之间应该是教学相长的过程，教师们应该注重学生的反馈，进行思想火花的碰撞，通过自身对学生进行影响，在学生中拥有威信力和话语权。

（3）关系

所谓"社会化"其核心就是"关系"。互联网上的社会化网络和应用不仅把现实中个体的生活和人与人之间的关系完整地复制到网络上，还将在现实生活中很难建立关系的不同国家、不同年龄、不同阶层、不同领域的个体连接在了一起，形成各种"关系网"。

3. 社会化思维对大学生思想和行为引导的启示

社会化思维启示我们既要重视"草根"力量，强调个人的参与感，又要关注关系网上的发散式传播与社会环境、社会舆论的影响作用。在大学生思想和行为引导过程中，应该重视全员教师的力量，包括专业教师的教书育人、行政人员的管理育人、后勤体系的服务育人等，让高校所有教职工都能参与到学生的思想教育工作中来，增进每位教师的参与感，做到思想政治教育引导不断线，从最初的入学时期，到学习时期，再到毕业时期，始终关注到学生成长的每一个过程，助力学生成长成才。学校、社会、家庭作为学生最主要的关系网，应该全过程参与到学生培养过程中，给予学生积极正面的引导。社会化思维在高校的应用，有助于构建校内校外、课内课外、网上网下协同育人"立交桥"，打造"三全育人"的大格局。

第二节 互联网思维的大学生思想和行为引导

的目标、理念和原则

改革创新是教育发展的强大动力，当前大学生思想和行为引导的动力来源有很多，网络是诸多动力源中最为强大、最为直接的力量，而互联网更是有力地促进了新时期思想政治教育的现代化进程。

一、基于互联网思维的大学生思想和行为引导的目标确立

互联网思维不仅促进着教育者与受教育者观念上的改变，更引发教育观念、教育模式、教育内容、教育手段等各个方面的调整、创新、改革和完善。明确基于互联网思维的大学生思想和行为引导的目标，对大数据时代大学生思想政治教育开展有着重要的指导作用。

互联网时代的到来为大学生的全面发展提供了良好的条件。基于互联网思维的大学生思想和行为引导就是要借助于互联网的思维方式，更好地促进大学生的全面发展。

（一）促进大学生的全面发展

全面发展须包含：第一，人的自然性与社会性的协调发展。这是大学生全面发展的立

足点。关注大学生作为人的本质，即不仅仅从人的自然性出发，也不单纯的从人的社会性出发，而是将两者协调统一。一方面，把大学生的教育培养融入社会的大环境中；另一方面，也在大学生的教育中强化社会性的教育；第二，德才兼备。这是大学生全面发展的标准。德是品德，才是才能，德才兼备既要重视大学生的道德品质培养，又要重视大学生的专业能力提升，两者缺一不可，忽视其中之一，必定会造成大学生的发展较为片面，有知识缺少文化、有文化缺少教养、有青春缺少热血、有目标缺少信仰等都是十分危险的。培养德才兼备的大学生，就是为国家社会主义事业培养可靠的建设者和接班人；第三，人文素养与科学素养的协调发展。这是大学生全面发展的内涵。21世纪是一个发展迅速的世纪，自然科学和人文科学的结合帮助人们产生了一系列认识世界的重大发现和改造世界的重要成果。要将大学生培养成为适应21世纪的创新人才，就必须促进人文教育与科学教育的融合。把大学生培养成为既有高尚的人文情怀，又有良好的科学素养的复合型人才；第四，生理和心理的协调发展。世界卫生组织对健康有着明确定义，它指出只有生理和心理都健康才是真正意义上的健康，身心健康也是大学生全面发展的基础。对于大学生而言要想拥有真正的健康，必须做到生理和心理协调发展、和谐统一。身心健康是大学生学习知识、锻炼才干的重要保证，更是大学生未来终身学习、服务社会的坚实基础。

（二）促进大学生的主动发展

在互联网时代，人的主动发展比其他任何时候都显得必须和重要，人的主动发展是现代社会发展的客观要求。大学生终将迈出大学的校门，离开师长的呵护，只有实现自我的主动发展，才能适应未来社会的快速、持续的发展。高校的思想教育引导工作必须着眼于大学生潜能的呼唤、挖掘和提升，促进学生的主动发展。所谓大学生的主动发展，就是大学生以实现全面发展为目的，通过自我指向自身所进行的一种调控、改造和提升的高度自觉、自律、自主的个人活动。促进大学生主动发展的核心是要关注学生发展的合一性、内发性和能动性。第一，合一性。就是学生发展的主客体的一致性。在传统情况下，大学生往往作为学校、家庭和社会的教育对象，成为教育的客体。但在大学生主动发展的过程中，大学生即是教育的主体又是教育的客体。教育的主体、客体都在学生身上合二为一，一体两面，统一在同一个学生个体之中。第二，内发性。就是指学生的发展不是受任何人强迫的，而是由自身的内在需求所驱动的。但这种内发性也会受到环境和他人的影响，因此，给学生创造良好的发展环境和树立发展的榜样都是激发学生内发性的有效手段。第三，能动性。就是大学生在发展中表现出来的主动性。大学生自我发展就是将被动的发展转为主动的发展的过程，也是教育内化的过程。大学生不再是被动地等待别人告诉应该做什么、怎么做，而是主动地去拟定发展目标，有目的、有计划地自觉进行改造和提升自我的过程。大学生的能动性越强，自我的内驱力也越大，自我发展过程中的自觉性也越高，自我发展的效果也会越好，从而形成自我发展的良性循环。

（三）促进大学生的个性化发展

人的全面发展意味着人的个性的丰富性和能力的多样性，它使人在复杂多变的生活中能够应付自如，显示出更强的主动性和创造力，因而就更为自由。人的全面而自由的发展不是个别的，而是普遍的现象，其要实现的是每个人的全面而自由的发展。当代大学生受到多元价值观的影响，他们的人生观、世界观、价值观呈现出个性化和差异化的特征。要实现大学生的全面发展就必须促进大学生个性化发展。大学生个性化发展包括以下三个方面内容。第一，独特性和共同性的协调发展。独特性是个体区别于其他人的特征，共同性则是人类在身体、心理、社会等方面具有的相同特征。唯物辩证法认为"个性"即特殊性，"共性"即普遍性，两者密不可分，辩证统一。大学生的个性化发展既包括与他人不一样的"个性发展"，也包括与他人的一致的"共性发展"；第二，自然性和社会性的协调发展。将来的社会是以每个人的全面而自由的发展为基本原则的社会形式，并把这种社会形式命名为自由人的联合体。因此，大学生的个性化发展不是脱离社会孤立发展的，是受到社会发展的影响和约束的。大学生的个性化发展是自然性和社会性的协调发展；第三，稳定性和可变性的协调发展。个性化发展是指个体在自身特质和需求的基础上所进行自我发展的活动，这些活动具有一定的持久性和连贯性。另一方面，随着主体的成长的过程中，自我不断地丰富成熟和外部环境的影响，主体都会对自我发展的方向、路径等做出调整和变化。因此，大学生的个性发展不是一成不变的，是既有稳定性又有可变性的。

（四）促进大学生的可持续发展

以人为本是科学发展观的关键，可持续发展是属于科学发展观的一项主要内涵。可持续发展不但是经济、政治以及社会的可持续发展，而且是人的可持续发展。以人为本，就是要推动人的可持续发展，而培养可持续发展的能力是实现可持续发展的关键。大学生作为未来社会的重要建设者，他们的可持续能力的高低对未来社会的进步和发展起着重要影响作用。所谓大学生的可持续发展能力就是指大学生通过一定的教育所形成的，持续不断地获取知识和运用知识不断自我完善、自我发展的能力。这种能力除了能够达到社会与个人目前的发展需求以外，还能给个体今后的发展及其更好地适应社会打下基础。大学生具有的可持续发展能力包括以下几方面：第一，生存能力。是实现大学生可持续发展的基础。

生存能力是指维护和促进自身身体和心理健康的能力。通过生存能力的培养实现身心的可持续发展；第二，学习能力。是实现大学生可持续发展的重要保证。学习能力是指通过不断的自我学习，获取新的知识、新的技能的能力。一个人发展不仅仅取决于他现在掌握的知识有多少，更取决于他能否不断地学习和掌握新的知识。终身学习已成为社会的共识，同时，面临社会发展的速度越来越快，信息和知识的迭代的频率也越来越高的现实，学习能力的提升能够帮助学生跟上时代发展的速度，完成职业生涯方面的可持续发展；第三，选择能力。是促使大学生完成可持续发展的关键因素，同时这一能力在很大程度上决定了大学生的发展方向。在多元化的社会，大学生要面对课程选修、就业选择等大大小小的无数次的选择，每一次选择都或多或少影响着学生未来的发展。因此，培养学生的选择能力，学会结合自身的实际情况，搜集、整理、筛选信息，理性地分析，科学地判断，做出最有利于自身发展的选择就显得尤为重要；第四，社会适应能力。是实现大学生可持续发展的外部动力。人不可能独立于社会之外单独存在。只有具有高社会适应能力的人，才能在社会中获取更多和更优质的生存和发展的空间。大学生社会适应能力就是指大学生按照人与自然、人与社会的发展规律，有意识地自我调整自身行为方式，适应社会需要的能力。社会适应能力能够帮助大学生实现与自然、与社会的持续和谐发展，从而实现真正的人的全面发展；第五，创新能力。社会的进步与个人的发展都离不开作为大学生可持续发展及人类社会发展的原动力的创新能力，社会的进步与个人的全面发展都离不开创新。创新能力属于大学生可持续发展能力的核心。创新就是对知识和技术的批判的继承、突破、升华。培养大学生创新能力就是要赋予他们批判的精神、勇于突破的勇气和科学的思维。

二、基于互联网思维的大学生思想和行为引导的理念创新

（一）树立以学生为本的理念

随着改革开放和信息化建设的不断深入，我们要进一步强化以人为本的理念，将"以学生为本"作为高校落实"以人为本"的科学发展观的核心。以学生为本既体现了对马克思人学思想精髓的传承，也是现代高校思想政治教育工作的必然趋势。

1. 以学生本体为本

以学生为本从字面上理解，就是要以学生为中心，以满足学生的需求作为工作的目标和核心。贯彻以学生为本的理念的前提就是要尊重学生的主体地位。尊重学生的主体地位包括以下三方面的内容：首先，尊重学生的权利。人的生存、发展、人格、个性、尊严为人的基本权力，尊重学生就是要尊重学生这些基本权力。人对尊重的需求，是由人的本质

所决定的，是人对社会需求的较高层次的表达。当前大学生群体渴望被尊重，渴望平等地与教师、与社会交流，这都反映了学生对精神需求和自我价值实现的日益重视。因此，尊重学生是做好思想引导教育的大前提，也是坚持以学生为本的理念的基本前提。尊重学生的基本权利，也就是要尊重他们的主体地位，以民主的方式与学生交流，建立亦师亦友的新型师生关系，增强学生在思想上和情感上的认同度和归属感。其次，尊重学生的需求。需要属于个体本质的、内在的一种规定性，同时也是其所有生命活动的根据与动力。需要的满足程度直接涉及人的本质的实现程度，利益需求是调动人的积极性的重要手段。对于大学生群体而言，比以往更重视个人利益的需求，既包括物质利益也包括精神利益，既有眼前利益又有长远利益。因此，作为教育工作者，一方面，要重视和着眼于满足大学生根本利益，即：大学生的成长成才和全面发展，并以此为目标，开展符合大学生内在需求的教育引导活动，因势利导，促进学生的健康成长。另一方面，要借助大学生日益成熟的理性思维，引导学生树立正确的利益观，引导大学生将自我成长成才的内在需求与国家、民族的外在需求相结合、相统一，鼓励大学生通过正当手段追求个人利益，调动学生自我教育的积极性和主动性，形成强大的精神驱动力。再次，尊重学生的个体差异。由于遗传、家庭环境、成长经历等的不同，学生的性格、能力、知识储备、特长等也各有不同，学生之间存在个体差异。"以学生为本"运用到大学生思想和行为引导之中就是要承认并尊重学生之间的差异，顺应规律，因人而异，因材施教，做到"一把钥匙开一把锁"。

2.以学生发展为本

建设社会主义现代化强国就是要以促进人的全面、协调和可持续发展为目标。作为人的全面发展中的目标主体的"人"是个体概念，同时也是集体概念。作为个体概念时，"人"是社会中独立存在的个体，是物质本体与意识组成的自然人，同时，在劳动关系的作用下，又是一切社会关系的总和；作为集体概念时，"人"是每个独立个体的总和，即人类整体。两个概念中的"人"，一方面，相互依存，成为人的全面发展的复合主体；另一方面，又彼此促进，共同发展，才能实现"人"的全面发展。人的全面发展思想指的是，社会中的人以物质本体和大脑意识为基础，通过在社会实践中劳动关系的确立，自由平等地选择发展自身内涵本质，增强自身素质和能力，逐步成为社会人的过程。人的全面发展应包括能力、需求、个性、人际关系等多方面的发展。在这个过程中，社会人通过多个个体的发展促进整体社会人的发展，进而推动整个社会的全面发展。运用到大学生中，就是高校在人的全面发展学说的指导下，引导大学生的思想和行为，从而帮助大学生了解社会、世界的真实情况和人生、自我的真实需要，理解责任、使命、同情心等价值观的内在本质，帮助其更快地融入社会，推动社会的全面发展。

3.以学生整体为本

如果说"以学生为本"让学生得到全面的发展是纵向维度上对教育提出的要求的话，那么让全体学生都得到发展则是对教育在横向维度上提出的要求。马克思认为一切人的自由发展的条件是单个人的自由发展。我们党要实现的人的全面发展不是某一个人的解放和全面自由发展，而是人类整体的全面发展。习近平总书记也提出了"人类命运共同体"的概念。让全体学生都得到发展是现代教育民主化的重要特征之一。每个学生都是独立的个人，每个学生都有独特的个性，每个学生都有权利接收适合其个性的教育，从而实现学生个人价值的最大体现。教育的民主化可以分为外部民主和内部民主。所谓的外部民主主要表现在教育的覆盖面上，要让教育尽可能地普及到每个学生，强调覆盖的无死角。所谓的内部民主则表现在让每个学生都能得到发展。每个学生都是教育的主体，每个学生都有接受教育的权力，每个学生也都具有独特的个性和特点，所以每个学生都应该接受适合其全面发展的教育。这就要求我们的教育要在尊重每一个学生，尊重每一个学生的个性和特点的基础上，以每一个学生的全面发展为目标，为每一个学生提供平等的资源和机会，引导学生实现个人价值。我们的思想和行为引导工作面向的不仅仅是一个人，或一群人，应该是面向100%的学生实现全覆盖。作为思想政治教育工作者，首先，要平等地看待每一个学生、真诚地接纳每一个学生，不应因其身份、身体、贫富等区别对待，应该为每一个学生提供均等的教育机会，这也是实现教育公平的前提。其次，要与每个学生平等对话，关注每个学生，了解每个学生的需求。当前大学生群体的多元化趋势日益明显，学生的需求也呈现出多样化，包括学业、人际关系、生活、就业、心理等多方面。我们只有走进大学生的生活和思想，才能把握他们的现状和需求。再次，就是在对每个学生的精准把握的基础上，想学生之所想，急学生之所急，开展分类别、分层次、有针对性的教育引导工作。只有这样，大学生思想和行为引导工作才能取得实实在在的成效。需要指出的是，现代信息化手段为实现教育的全覆盖提供了全新的途径和技术支撑。比如我们可以通过微信、微博、QQ群等形式拓展与学生交流的途径，还可以利用大数据技术来爬取和分析包括学生出入图书馆的情况、上课出勤的情况、上网的情况、生活消费的情况等在内的各种因素，对每个学生实现"精准画像"，可以实现对100%的学生情况的精准掌握。同时，运用大数据的预判功能帮助我们有针对性地开展工作。信息化时代让以学生整体为本成为了可能。

（二）树立"三全育人"的理念

大学生思想和行为引导工作是一项复杂的系统工程，各个子系统的功能互相配合，才能形成育人的整体效应。要在大学生思想和行为引导的实际工作中通盘考虑，努力构建工作的大格局，汇聚工作的合力。中共中央和国务院对高等学校提出了纲领性的要求，明确提出了要构建"全员育人、全过程育人、全方位育人"的"三全育人"工作格局。高校必须坚决地、不折不扣地落实"三全育人"这一理念。总地来说，"三全育人"的理念就是要围绕人员、时间、空间三个要素，实现在三个维度上的"全覆盖"，最终形成全员、全程、全面育人的立体育人网络。第一，人员要素。"全员育人"在人员要素上强调的是人员主体的改变和扩充。育人主体不再是传统教育理念中思想政治教师的狭隘育人主体，而是要求全体成员都必须承担起育人的职责，在育人的过程中发挥积极的作用；第二，时间要素。全过程育人是将育人过程贯穿学生成长的每一个过程、环节，无时无刻在学生学习成长中体现；第三，空间要素。"三全育人"中的全方位育人就是要在课堂、校园、社会、网络等不同的空间开展全方位的教育引导工作，促进大学生德智体美全面发展，全面成才。

1. 整合力量，落实全员育人

全员育人有两个层面的含义。第一，要求高校的育人主体要包括除高校思想教育工作者以外的学校领导、全体教师、行政人员和后勤保障人员在内的学校全体教职员工。强调每位教育员工都要强化育人的意识，提高育人的能力，自觉承担对大学生进行思想和行为引导的工作任务，将思想政治教育渗透到学校教学、管理、服务的各个环节中去，形成全员参与育人氛围。第二，使得大学生的思想和行为引导工作不再是思想政治教育工作者的"单打独斗"，而是所有教职员工的工作职责。"全员育人"就是要学校领导高度重视，各部门明确岗位职责，责任落实到位，部门之间有效整合资源、建立工作联动机制，落实责任到人，整个学校成为一个育人的有机整体，让高校思想政治教育工作从"专人负责"转向"人人负责"。

2. 纵向到底，实施全过程育人

全过程育人彰显了大学生思想和行为引导工作在时间维度上的延续性。一方面，强调将育人工作贯穿到大学生学习生活的全过程。不放弃任何育人的时段，贯穿大学生从早到晚的全时段和从入学到毕业的全过程，整个过程紧密衔接、环环相扣、不留死角。特别注重对于大学生课余时间和假期时间的教育，不让这些时段成为育人的空档期。比如，在课堂之外，积极开展第二课堂活动，通过专家讲坛、形势政策报告会等对大学生开展思想教育和行为引导。此外，强调在育人环节根据大学生的成长成才的内在规律，针对大学生各阶段的不同的需求，在大学生成长的关键节点，科学合理地安排工作进度，实现教育资源的合理配置，增强大学生思想和行为引导工作的延展性。实现24小时、365天、4年的全时零遗漏的全过程育人的闭环。另一方面，全过程育人强调育人工作着眼于学生的整个人生。强调把对大学生的思想和行为引导工作置于学生的世界观、人生观、价值观的整个形成过程中。推进大学生思想和行为引导工作向前推进与基础教育阶段衔接，向后延伸与社会大课堂呼应，实现育人工作从短期教育到终身育人的转变，从而促进学生的可持续发展。

3.横向到边，推动全方位育人

全方位育人展现大学生思想和行为引导工作在空间维度上的延展性。一方面，体现在育人目标的全方位，通过实施思想政治教育、专业知识教育、心理健康教育、美育教育、职业生涯教育等，从根本上提升大学生的综合素质，实现大学生包括德育、智育、身体、心理等的全面发展，杜绝片面育人。另一方面，体现在育人方式的全方位融合。全方位育人提倡创新育人方式，特别是在互联网时代，借助互联网思维模式，实现线下线上、课内课外、校内校外、国内国外、课堂教育与实践教育、显性教育与隐性教育等的有机融合，实现大学生思想和行为引导工作从平面走向立体、从一维走向多维的转型。

大学生思想和行为引导不是几个孤立的点，而应纵成一条线，横成一个面，立成一个体。"一条线"指的是，大学生思想和行为引导工作要贯穿高等教育的全过程，在纵向形成一个完整的教育引导体系。"一个面"指的是，大学生思想和行为引导要覆盖全部学科，覆盖学校各项教育教学活动。"一个体"指的是，强化大学生思想和行为引导的顶层设计，以"一盘棋"意识打造一体化管理系统，从而确保全过程、全方位育人。

三、基于互联网思维的大学生思想和行为引导的原则遵循

（一）实现主体互动的原则

互动教育核心思想就是教育应从关注灌输知识转向关注人际关系的互动，学习的过程就是与他人互动的过程。互联网带给人们最直接的就是交流、联系、沟通的便捷性，它也为打破传统大学生思想和行为引导中以单向灌输为主的接受型教育模式创造了可能。大学生思想和行为引导就是一种互动的过程，是师生之间、师生与所有教育资源之间的互动。

1.多主体互动

一方面纵向来看：大学生在学校接受学校教育，在这之前作为家庭成员接受家庭教育，在毕业之后进入社会接受社会教育。学校、家庭都是社会的有机组成部分。另一方面横向来看：由网络空间建立起来的现代化智能的信息获取、交互平台，拓展了教育的新阵地，使其在线上线下双向发展，实现了教育空间的全面延伸。大学生在学校接受教育期间，学生除了可以接受来自学校的教育之外，同时也可以接受来自家庭、社会的教育。因此，学校、家庭、社会、学生都是教育的主体，并构成一个四主体的"圆锥形"的结构模型。学校、家庭、社会是圆锥的底座，学生则是圆锥的顶点。学校、家庭、社会分别与学生建立

联系的同时，又在圆锥底座的"圆"上相互作用。虽然他们都是教育引导活动的主体，但是在其关系网络中，他们所处的地位和作用并不完全相等。其中，学生处于核心地位，体现了"以学生为中心"的理念，学校、家庭、社会可以看作是三大基本点。他们的教育路径各不相同，教育方式也不尽相同，教育内容也各有侧重，他们有主有次，互为补充，但是他们是教育缺一不可的四个紧密联系的主体。学校是教育引导的主导，学生的人生观、道德观和价值观往往是在学校受教育过程中形成的。大学生的思想和行为的状况如何，学校往往起着极为重要的作用。学校既是传播文化知识的传播场所，也是我国社会主义建设优秀接班人的重要培育基地，更是大学生思想和行为塑造的主课堂、主渠道。学校教育水平的高低直接决定着大学生个体的水平。家庭是教育引导的基础，由于家庭教育是以血缘关系作为链接的，因此先天具有情感依存以及信赖的基础。对大学生而言，家庭教育既是学校教育的基础，又是学校教育的补充和延伸。家庭教育对子女往往有春风化雨、润物无声的重要作用。社会是教育引导的依托，社会教育的发展水平在很大程度上决定了社会能否达到先进水平，社会教育不仅是学校教育的拓展与延伸，更是家庭教育的有效补充，给大学生思想和行为引导工作提供了良好的平台，相比于学校教育及家庭教育，社会教育给大学生带来的影响作用有明显的强化趋向和扩大趋势。

大学生的成长就是其社会化的过程，家庭、学校、社会、学生作为教育的四个主体，在教育过程中，既相对独立又彼此联系，既有分工又有合作。其中任何一个教育主体的缺失都有可能阻碍学生的全面发展，任何两种教育主体的不配合、不协调都可能会导致教育效果的削弱。为了学生全面发展，需要汇聚学生、学校、家庭和社会共同的力量，调动各个主体的主体性，实现各主体之间的互动，构建一个育人共同体，提升大学生思想教育引导的实效性。第一，坚持一致性。这四个主体在教育引导过程中必须保持高度一致。这里的一致，既包括教育目标的一致，也包括教育内容的一致。也就是说，四个主体都是为了实现学生的全面发展，为社会主义事业培养建设者和接班人这一目标；对于四个主体的内容而言，也要保持一致，即学校教授的、家庭传递的、社会倡导的、学生个人感受的应该保持统一。因为不管哪个方面存在出入，均会让学生感到困惑，同时导致某些方面的教育互为消除，最终影响教育的效果。第二，彼此适应。在大学生的教育引导中，四个主体的作用都是独一无二的。当这四者划分好责任边界，彼此适应，那么家庭教育、学校教育、社会教育和自我教育的各自优势就得以叠加显现出来。第三，动态调整。在大学生思想和行为引导的实践中，四个主体的共生中，他们除了属于一种静态维持以外，还处于一种动态性的发展和调整状态。互动即强化了学校、学生、家庭、社会之间的互相了解和相互信任的工作基础，也构建起学校、学生、家庭、社会"四位一体"的育人合力，育人效果全面提升。

2. 主客体互动

主体与客体的关系是思想政治教育中最重要、最基本的关系，它贯穿于大学生思想和行为引导的全过程。传统的大学生思想和行为引导的主体与客体是主从的关系，是"以教师为中心、以教材为中心、以课堂为中心"的主体中心模式。

基于互联网思维的大学生思想和行为引导，更注重主客体的互动。第一，双向互动。大学生思想和行为引导的主体跟客体之间不再属于我说你听、我讲你服之类的单向关系，而已转变成一种存在互动的双向关系。除了大学生需要向教师学习以外，教师也需向学生们学习，双方之间应保持一种相互帮助与学习、共同提高、互为促进的关系。颠覆传统教育引导工作当中的单向教学与教育者高高在上的错误做法和认识，力争在实现平等的前提下形成良好的互动关系。第二，主动和主导。在大学生思想和行为引导中，教师在了解大学生的状况及特点的基础上，把握教育引导的主动权，确定方向与目的，选择内容与方法，发挥手段与载体的作用，组织实施教育引导工作，推进实际进程。客体的主动性决定着思想政治教育的实施效果。思想和行为引导工作需要大学生的积极配合与主动参与。客体的主动性跟主体的主导性有效融合是完成大学生思想和行为引导的基本前提。所以，我们既要重视教育主体的主导作用，也要关注受教育者的主动作用。

（二）实现线上线下融合的原则

互联网的横空出世，带给人们最本质的冲击是打破了传统意义上的物理空间的概念，创造出了一个全新的空间——虚拟空间。物理空间和虚拟空间相比，有着很多本质的区别，如物理空间的三维是可以用长宽高度量的，虚拟空间是无法度量的；物理空间是可以触摸感知的，虚拟空间是看不到摸不着的；物理空间是有限的，虚拟空间则是无穷无尽；物理空间具有唯一性，虚拟空间则有多重性等。人们通常用"线上""线下"来描述这两个空间。因此，把教育主体与客体之间面对面通过语言、肢体等真实发生的一系列教育引导活动，称之为"线下教育"。相对于"线下教育"而言，把主要利用互联网等虚拟媒介而实现的教育主体和客体之间没有发生面对面交互的情况下的一系列教育引导活动称为"线上教育"。"线下教育"代表的是传统的教育方式，其优点是互动直接，但易受时间、空间等多方面的限制；"线上教育"则是适应新时代变化的教育方式，它突破了时间、空间的传统界限。因此，"线上教育"已成为当下大学生思想和行为引导的重要渠道和途径。从某种意义上来讲，谁占领了"线上教育"的阵地，谁就赢得了大学生思想和行为引导的主动权。对大学生进行思想和行为引导工作就必须学会运用互联网思维，借用互联网技术，加强线上教育的平台建设，提高线上教育的能力。虽然科学家们在不断地通过技术的更迭和创新使得虚拟空间更加趋近于现实空间，希望在虚拟空间能够解决以往必须在现实空间才能解决的所有问题，包括教育问题。但是我们要清晰地认识到，一方面，现在的技术还远没有达到人们所期待的先进程度；另一方面，教育的过程也是情感输出过程，特别是对于人的思想和行为引导的教育更是需要情感的交流和互动，虚拟空间可以承载人类的感情，但是始终替代不了也模拟不出人类的全部情感。因此，大学生的思想和行为引导工作作为一项长期性、复杂性、系统性的工程，无法全部放到虚拟空间完成，"线上教育"也无法替代"线下教育"的全部功能。实现"线下"与"线上"的深度融合，才是提升工作成效的有效手段。通过"线上、线下融合"一定会收到单一的"线上教育"或是"线下教育"所不能达到的最优效果，实现"1+1 > 2"的效果。

（三）树立一致性的原则

1. 树立与大学生成长成才规律相一致的原则

规律也被称为法则，属于各事物间的本质联系，存在一定的普遍性。地球上的人事物千差万别，但是它们都遵循着一定的客观规律。随着时代发展及各种社会思潮的涌现，大学生的思想和行为也呈现出新的特点，大学生的成长成才也呈现出新的规律。基于互联网思维的大学生思想和行为引导必须要树立与大学生成长成才规律相一致的理念。只有遵守教育及学生成长规律，才能更好地开展思想和行为引导工作。一是"欲速则不达"。对于大学生的思想和行为引导必定有一个相应的过程。教育引导过程中要循序渐进，耐心施为，不是代替成长，也不是揠苗助长。在大学生成长的道路上更多的是尊重、引导和陪伴，让学生做到顺其自然地成长。二是"因材施教"。大学生作为独立的主体，其成长不会千篇一律，因此我们的教育引导工作也不可千篇一律，要承认和接纳学生之间的差异，提供有针对性的教育。三是"实事求是"。在大学生思想和行为引导中坚持实事求是，加大理论分析的力度，在探寻规律的基础上合理指导实践。坚持实事求是，就要深入实际了解事物的本来面貌，要透过现象看本质，从零乱的现象中发现事物内部存在的必然联系，从客观事物存在和发展的规律出发，在实践中按照客观规律办事。

2. 树立与互联网发展相一致的原则

基于互联网思维的大学生思想和行为引导必须充分尊重互联网发展的规律，遵循互联网发展的趋势，跟上互联网发展的速度，推进大学生思想和行为引导的理念思路、内容形式、方法手段创新，增强工作时代感和实效性。互联网发展具有如下趋势：一是泛在化。互联网影响已经从虚拟世界渗透到物理世界，从人们的身体感知渗透到思想意识。在大学生思想和行为引导的各个环节都要将互联网作为一个重要因素考虑在内。二是智慧化。互联网的智慧化将给大学生思想和行为引导创造更多、更新、更好的条件。三是颠覆性。就像汽车的发明颠覆马车的存在一般，互联网技术的迭代往往带来颠覆性的创新。大学生思想和行为引导要及时跟上这种创新，大胆摒弃已被时代所抛弃的方法和手段，积极创新，适应时代发展。

第三节　基于互联网思维的大学生思想和行为

引导系统的构建

从"互联网思维"这一全新视角切入，以基于互联网思维的大学生思想和行为引导为研究对象，系统研究基于互联网思维的"环境建设、平台建设、内容建设、队伍建设"四位一体的大学生思想和行为引导系统的构建，为大学生思想和行为引导工作提供新的思路，推动高校思想政治教育在互联网时代的发展。

一、营造"无边界—有共识"的绿色环境

《辞海》对环境的定义是两个围绕，第一个是指所辖区域的围绕，另一个是指人类外部世界的围绕。为了准确把握环境概念的这两个围绕，可以从三个层次去理解，首先，环境不能单独存在，必须与一定中心事物相对应；其次，环境就是一个综合体，包括与中心事物相关的所有外部条件和影响因素；再次，环境不是静止不动的，而是不断变化的。

思想和行为引导依托一定的环境，两者产生联系，形成互动。思想和行为引导环境是指能够对思想和行为引导产生影响的所有因素和条件的总称，是思想和行为引导系统必不可少的一项内容，只有能够对思想和行为引导产生影响的因素和条件才能称其为思想和行为引导环境。大学生思想和行为引导的环境是大学生思想和行为形成的客观基础之一。这个基础不是一成不变的，而是不断变化发展的，必须处理好思想和行为引导和环境之间的关系。

基于互联网思维的大学生思想和行为引导环境是指：围绕思想和行为引导对象（大学生）开展有效的思想和行为引导活动，所有的有利客观条件的集合。基于互联网思维的大学生思想和行为引导环境，应以"无边界—有共识"为基本特征。"无边界"即打破高校育人的"边界"，在网络上搭建桥梁，以信息技术为手段，借鉴互联网思维的社会性和跨界性，构建开放联合的育人环境，实现真正的全方位育人。"有共识"则是指根据中国特色社会主义的要求达成育人共识，坚持马克思主义和社会主义核心价值观为主导，培养社会主义建设者和接班人，在"无边界"的大学生思想和行为引导环境中形成育人的合力。

基于互联网思维的大学生思想和行为引导环境可以分为校园环境、社会环境和网络环境三个部分。校园环境又可以分为物质环境、文化环境、人际环境和制度环境，是开展大学生思想和行为引导工作的主阵地。社会环境包括社会政治、社会经济和社会文化等，它对大学生思想和行为引导起着宏观影响的作用。网络环境是依托网络技术构建的虚拟环境，对大学生而言主要接触到的是校园网络环境和社会网络环境，它为大学生思想和行为引导提供了新的教育空间。

作为基于互联网思维的大学生思想和行为引导环境的有机组成部分，校园环境、社会环境和网络环境形成了一个有机统一的整体，他们不是相互独立存在的，而是相互交融、相互制约、相互影响的。在整个复杂统一的大学生思想和行为引导环境中，各个要素之间的平衡与协调与否，直接影响大学生思想和行为引导的效果。因此，对于大学生思想和行为引导的环境，必须针对其内容和特性进行相关建设。

（一）校园环境建设

校园环境是在校园物理范围内的，由多种的校园内部特有的要素相互结合所形成的一个有机整体，而这些要素就主要包括物质环境、文化环境、人际环境和制度环境。

1. 校园环境的内容

（1）校园物质环境

校园物质环境是高校师生所创造的精神财富具象到校园各种物质上的表现形式，是具有校园特征的产物，具体而言就是校园内的物理环境和自然环境。它是围绕在校园内学生周围的客观存在。物理环境包括学校的规划格局、校容校貌、校舍建筑、教学设备等各项基础的软硬件设施。自然环境包括校园内的花草树木、空气、光线、色彩等。校园物质环境作为有形的环境，是大学生可以触摸、可以感知的环境。校园物质环境不仅为学生思想和行为引导提供了物质基础，其所承载的校园的文化和价值倾向也会对大学生的思想和行为带来深刻的影响。

（2）校园文化环境

校园文化环境是高校内各种文化、体育、美育等文化元素的集合，包括高校的文化内涵、历史传承、道德风尚、行为准则等。校园文化环境是在学校发展历程中不断积累沉淀所形成且被广大师生所广泛认同的价值观念和思想准则所产生的精神氛围，是一种特殊的环境。校园文化环境虽然是隐形的、精神上的，没有校园物质环境有形，但是校园文化环境可以通过一些有形的载体实现对大学生的教育引导，让大学生时时刻刻感受到它的存在。校园文化环境有助于在校园内形成强大的共同的精神力量，对陶冶大学生的道德情操，提高人文素质，形成健全人格都会起到重要的作用。形成既具人文情怀又具理性精神的良好的校园文化环境，充分发挥校园文化环境在大学生思想和行为引导中的导向作用及育人功能，对大学生的世界观、人生观和价值观的塑造意义重大。

（3）校园人际环境

校园人际环境是由一定数量的人按照师生关系、同学关系聚居在校园这一特定地域里所形成的人类生活共同体，是建立在一定社会关系基础上的社会组织体系。大学校园就像一个小社会，大学生不可能离开社会群体而生活和学习。所以，大学生人际关系环境是引导大学生思想和行为的关键因素之一。对于师生之间的人际关系，教师是知识的传授者，学生是接收者，建立良好的师生关系就是增强教育者与教育对象之间的互相信赖。对于学生之间的人际关系，他们年龄相近，兴趣相投，价值观相近，是这样一群人形成的关系较为亲密的一个群体。不管是师生关系还是同学关系，良好的人际环境所营造的友善、真诚、团结的氛围作用于大学生个体，有利于大学生健康心理的形成，是大学生健康生活和学习的基础。

（4）校园制度环境

校园制度环境是在高校历史发展过程中长期积累，逐步建立和完善的各项制度规范所形成的氛围，它是高校开展教学、科研、管理等各项工作的重要保障。校园制度环境主要包括校规、校纪等各项规章制度，科研、安全、学习和生活等方面各种规范要求以及师生所需要遵循的行为规范和准则。良好的制度环境会让身处其中的个人感觉到一种无形的"规范"和"约束"的力量。校园制度环境与大学生思想和行为引导有效结合，教师就有了开展工作的基本依据，大学生也有了行为的准则。

2.校园环境的建设原则

校园环境是开展大学生思想和行为引导的重要场所，因此，建设良好的校园环境才能更好地发挥校园环境的积极作用，才能更好地为大学生思想和行为引导工作的顺利开展提供有力的条件保障。校园环境局限在校园空间范围内，它的建设原则具体可以归纳为两个方面。

（1）整体性原则

校园环境是一个由诸多因素共同构成且相互作用的整体，既包括内部组成要素又包括外部影响因素，在对校园环境建设时必须把校园环境的内外部因素看作一个整体，遵循整体性的建设原则。一方面，校园环境的内部组成因素包括了物质环境、文化环境、人际环境和制度环境四个部分，其中任何一个因素的改变都会对其他因素造成不同程度的影响。因此，要把这四个部分整合成一个有机的整体来看待，在校园环境建设的过程中用整体的；

系统的眼光去考虑，既不能重视某一要素而忽视了其他要素，又不能各个要素平均使力，要对各个要素统筹考虑，才能把校园环境建设成为一个和谐的有机整体；另一方面，校园环境作为整个大学生思想和行为引导环境体系的一个部分，其他外部影响因素也会对校园环境产生影响。因此，要用整体的眼光将外部影响因素也一并考虑在内，必须重视校园环境与外部影响因素之间的关系。遵循整体性原则才能更好地实现校园环境建设的效能最大化，才能在相对有限的人力、物力、财力的情况下，为大学生思想和行为引导创建良好的校园环境。

（2）务实性原则

校园环境建设要遵循"实事求是"的原则，要把工作做到实处，用具体的、落地的、实际的行动开展校园环境的建设。第一，要真正解决关乎大学生切身利益的实际问题。要根据实际情况对学生展开深入的、全面的调研，要在第一时间掌握大学生的思想动态和行为习惯，分析校园环境建设当中存在着的切实影响学生发展的具体问题，并针对这些问题提出切实可行的解决方案，做到从学生中来，到学生中去；第二，要追求实用，求真务实。在校园环境建设过程当中，要以实用性为第一原则，以满足学生的需求，更好地服务于大学生思想和行为引导为首要目的，为大学生思想和行为引导营造一个良好的环境。

3. 校园环境的建设路径

（1）营造优美的校园物质环境

校园环境作为一种物理空间，良好的环境有一种特殊的教育功能，对大学生的思想和行为引导应创造一个良好的环境和氛围。例如，注重校园物质环境的整体规划，加大对高校基础设施建设的支持力度，突出校园特色景观建设，力求校园环境建设实用性、审美性、育人性的完美结合。例如，电子科技大学建设的电子科技博物馆，它展示的是电子信息发展史上各个时期的典型物品，它是校园物质环境的一部分。学生通过参观博物馆，了解电子信息的发展历程、重要成就等，既可以学习相关知识，更可以通过展品感受展品背后所蕴含的科学精神。

（2）注重发挥校园文化环境的隐性教育功能

校园文化环境隐性教育功能是相对显性教育而言的，相较显性教育而言，隐性教育具有教育作用的广泛性、教育过程的持续性、教育效能的渗透性等特点和优势，有着显性教育无法达到的效果。因此，必须重视校园文化环境建设，营造健康向上的校园文化环境。一方面，要加强高校的校风建设。第一，加强作风建设，规范高校管理者在思想水平、工作作风、生活态度方面的言行；第二，加强教风建设，提高教师队伍的政治素养、师德师风和教学水平；第三，加强学风建设，引导学生树立远大理想，激发学生学习内动力，帮助学生端正学习的态度，促使大学生良好学习习惯的养成。另一方面，面向学生开展健康向上的校园文化活动。第一，提升活动质量，既要满足大学生的实际需求，又要突出教育性，严把活动内容关，坚决制止低俗的、与社会主义核心价值观相悖的活动；第二，丰富活动形式，校园文化活动不仅仅是讲座和座谈会，要充分利用网络、移动终端等新技术、新手段，创新活动形式；第三，扩大学生参与度，互联网的广泛运用，让更多的学生能够通过在线观看、刷弹幕等方式参与到文化活动中，实现活动覆盖面的扩大。

（3）营造良好的人际关系氛围

大学生参与的很多活动都是在与人交往的过程中进行的，人际关系是大学生社会化的基本途径。建立起和谐的师生关系和和睦的同学关系是营造良好的人际环境的有效途径。和谐的师生关系就是要相互尊重、平等相待。第一，教师要做为人师表的楷模，充分尊重每个学生，公平公正地对待每个学生，用心用情和每个学生交流，真正做到"走进学生"。第二，学生要尊师重教，理解和支持教师的工作，要主动和教师交流。和睦的同学关系就是要真诚相待，互相帮助。真诚相待是同学之间交往的重要基础，只有真诚相待才能在学生之间建立起理解和信赖。在同学之间营造互帮互助的氛围，同学之间的关心和帮助，在帮助学生解决问题的同时，更能让学生感受到友善的力量。此外，还可以鼓励大学生参加各项志愿服务、社会实践等活动，增加大学生与社会的接触面，帮助他们在多种不同的人际关系中，更好地认识自我、了解他人。

（4）加强校园的管理规范

管理育人是大学生思想和行为引导的一项重要的教育手段，制度建设又是管理育人的前提。"没有规矩、不成方圆"，要充分认识校园制度环境建设的重要性，加强校园的管理规范。一是，要增强制度制定的科学性。学校在具体的管理制度的制订过程中，要尊重学校的核心文化和大学生的具体诉求，以国家的法律、法规、政策以及教育领导部门颁布的规章制度为依据，从加强学校管理的需要出发，与大学生思想和行为引导工作任务的要求保持统一。二是，强化制度的执行力。通过对学校制度的深入学习，广泛宣传学校的规章制度，增加高校师生对学校的了解；同时，还要完善高校制度监督和反馈机制，利用校领导接待日、意见箱、校长信箱等，了解学校制度执行的具体情况，及时完善和修订制度，确保制度的实效性。

总之，在大学生思想和行为引导中校园环境建设是一个系统工程、一个务实工程，需要学校各方面的齐抓共管，密切配合。要通过不懈努力，减少阻力，形成合力，增强凝聚力，提高影响力，使高校真正成为培育社会主义建设者和接班人的大熔炉，培养高素质专业人才的大课堂。

（二）社会环境建设

社会环境是指能够对全体社会成员，特别是对大学生思想和行为引导产生影响的国内外环境，其中主要的影响因素包括：经济环境、政治环境和文化环境。高校并非是存在于社会之外单独的系统，是社会的有机组成部分，社会环境中各种因素发生变化都会对高校的校园环境产生直接或间接的影响。相应的大学生的思想和行为在这个过程中也会受其影响。因此，要加强大学生思想和行为引导的环境建设，就不能回避社会大环境的建设。特别是社会日趋开放的今天，社会环境对高校思想和行为引导的开展和推动具有非常大的作用，能直接影响大学生思想和行为引导的效果。因此，我们必须重视社会环境的建设。

1.社会环境的内容

（1）经济环境

经济环境一般意义上指的是社会经济制度和经济生活条件。我国的经济制度是建立在社会主义公有制经济基础之上的，经济发展具有先天优势，尤其是改革开放以来取得的伟大经济建设成就，强大的经济实力不仅为大学生思想和行为引导的开展奠定了坚实的物质基础，也意味着社会成员创造财富和获得财富的机会更多，渠道更广，相应的大学生享受的物质生活条件更为优越。同时，经济环境的丰富深刻影响着大学生的学习生活，主要体现在吃、穿、行、用等各个方面。经济环境的改善带来的舒适的学生宿舍、品种丰富的食堂供应、便捷的交通条件、丰富的课余生活等，使大学生的物质生活条件不断提升，在物质生活条件改善的同时，大学生的消费水平和消费方式也在不断升级。大学生从满足温饱的消费、日常生活用品的消费等转变成为另一种消费结构。在线学习消费、休闲娱乐消费、人际关系消费、网络消费、旅游消费、恋爱消费等日益成为大学生日常支出的重要组成部分。

（2）政治环境

政治环境包括两部分，社会政治制度和政治发展状况。社会政治制度是大学生思想和行为引导的基石。政治发展态势更是直接影响大学生思想和行为引导工作的实施，良好的社会政治环境是加强大学生思想和行为引导的一个至关重要的条件和手段。国际政治形势和国内政治环境的复杂性，给大学生思想和行为引导提出了新的挑战。因此，必须要继续推进新时代我国政治体制持续改革，发展更加完善的政治环境。

（3）文化环境

文化环境是抽象的精神环境，它是由人们的各类活动和行为所抽象出的环境，它反映了社会发展状况的高层建筑。文化环境是软实力，对大学生的思想和行为引导具有重要影响，它是支撑大学生的精神力量，是大学生思想引导的有效载体。作为校园环境的有效补充，在培养学生全面发展，特别是对培养大学生的健全人格、促进健康成长和全面成才方面有着重要影响。因此，在社会文化环境建设中，树立"一元主导与多元共存"的理念，要扎根中国大地，坚持社会主义核心价值观，继承中华优秀传统文化，借鉴西方优秀文化，培育大学生的文化自觉与文化自信。

2. 社会环境的建设原则

（1）多维性原则

大学生思想和行为引导的社会环境是由多个因素共同组成的复杂环境，各个因素在不同维度相互交融、相互影响，其复杂关系又会对社会环境产生了许多多变的、不可预知的影响，这些影响中就会有促进社会环境建设和阻碍其建设的影响，并且是表现在社会环境的多个层次、多个方面，会对大学生的思想和行为产生深刻的影响。因此，要在这种复杂多维的社会环境中厘清各个因素及其相互关联，引导各个因素的协调发展。

（2）动态性原则

大学生思想和行为引导的社会环境是一个螺旋发展的动态性的环境，是随着社会大环境的发展及大学生认知水平和思想状况的改变而不断变化的，因此要紧跟时代的步伐，把握大学生的行为轨迹和思想状态，根据其变化而不断地完善思想和行为引导工作，做到与时代同步。而这一动态的过程是一个循序渐进、循环上升的过程，只有使思想和行为引导不停地与社会相适应，才不会落后于社会的发展，才能培养出适应社会需求的合格大学生。

3. 社会环境的建设路径

社会环境是大学生思想和行为引导外部环境的基础。社会环境中要从优化社会经济、文化环境等方面，为大学生思想和行为的引导提供有力的保障。经济基础决定上层建筑，人类的任何实践活动都必须要有物质基础为保证，大学生思想和行为引导也不例外。

（1）优化社会经济环境

首先，我们要坚持以经济建设为中心，大力发展生产力，改革开放的经验告诉我们这是发展经济环境的核心。只有生产力发展了，才能不断加大教育投入，教育投入高了才能更好地进行思想和行为引导。其次，我们要努力优化经济结构，经济结构的优化促进生产力的发展，促进国民经济的发展，也直接影响着大学生思想和行为的形成。比如经济结构调整所带来的大学生就业环境的改善，可以让大学生从事更能体现其价值的工作。这样，良好的就业环境和工作环境解决大学生的后顾之忧，有利于大学生思想和行为引导的开展。再次，我们就是要保障社会资源、分配方式的公正合理，在经济负担和心理失衡方面可以大大减轻大学生的焦虑，也在一定程度上促进大学生思想和行为引导的开展。

（2）优化社会文化环境

文化是一种精神力量和价值体现，文化环境是一种软实力的体现，良好的社会文化环境是提升大学生综合素质的重要条件之一。建设社会文化环境要坚持党的领导，坚持马克思主义和习近平新时代中国特色文化观结合起来，树立文化自信的旗帜，并与中华优秀传统文化结合起来。在优化文化环境的过程中，必须要努力弘扬和践行社会主义核心价值观，把中国优秀文化植根与大学生的思想深处，让学生传承文化自信，把个人理想同国家的理想结合起来。

（三）网络环境建设

网络环境是指网络资源和网络工具的组合，是由网络主体、网络信息、网络技术、基础设施、网络政策法规和网络文化等要素构成的有机统一体。通俗来说，网络环境就是由人创造的一个完全人造的环境，即所谓的虚拟环境，也叫虚拟世界。网络环境作为一个全新的人类生存空间，不以实际的物质存在，但又不完全独立于现实环境。由于网络环境与大学生需求的高度契合，网络环境成为当今对大学生思想和行为影响最为深刻的环境。因此，加强网络环境建设有利于增强大学生思想和行为引导的有效性。

1. 网络环境的内容

网络环境是一个具有开放性的系统，对大学生思想和行为引导而言，网络环境系统主要由两部分组成，即校园网络环境和社会网络环境。校园网络环境主要由高校网络基础设施、文化资源和网络文化的主体组成；社会网络环境，就是与网络文化有关的技术环境、经济环境、文化环境及制度环境。网络环境系统随着互联网的不断提升而变化。

2. 网络环境的建设原则

网络环境有两个比较突出的特征。一是虚拟性。网络的虚拟性主要是一种数字化的虚拟。一方面，网络环境自身体现出虚拟性；另一方面，在网络环境中的个体及其行为也体现出虚拟性。因此，网络环境是一种有别于传统物理现实环境的全新的环境，网络环境的构成也由原子、分子变成了0和1的数字。二是开放性。网络空间是一个开放的空间，网络空间所营造的网络环境也必然是开放的环境。在大多数情况下，任何人可以在网络环境中自由进出，信息也可以在网络环境中自由流动。网络环境的开放性也导致了网络环境的复杂性。因此，网络环境的建设必须针对其特征，坚持以下几个原则：

（1）坚持整体优化原则

推进高校网络环境的建设是一个系统化的工程，不是依靠某个人可以完成的，需要各个部门共同推进。而高校网络环境建设除了通过加强对网络基础设施、学生行为规范等方面的建设外，还要注意从信息学科建设、师资队伍配备、校园制度等方面加大投入力度，以及与社会的物质、精神、制度、文化等环境相协同，整体谋划，共同推进，打破传统高校环境的建设方式，提升高校网络环境的建设效能。

（2）坚持良性循环原则

高校网络环境的构建如社会中的其他系统一样，需要良性循环才能实现更好的发展。因此，要注重互联网新技术的有效运用，通过新技术的运用创造出更好的校园网络环境；通过对网络环境的建设提高网络环境的育人效果；随着育人效果的不断提升，所以高校和社会更关注网络环境的建设，更愿意投入人力、物力、财力保障网络环境的健康运行，因此形成一个循环往复的良性循环。

3.网络环境的建设途径

（1）健全网络环境的法律法规

网络环境所具有的虚拟性特点，使其难以受到现实法律和规则的约束。但是，无规矩不成方圆，特别是网络环境更需要一定制度来约束人们的行为。光靠道德自律的软性手段无法达到理想的解决效果，因此必须进行建章立制的约束，要求人们的行为活动也要守秩序重纪律，并通过具有威慑力的法制手段进行强制制裁，才能保证网络环境的稳定和谐，这是维护网络环境健康发展的有力保障。首先，应该加快网络法规建设。由于信息技术方兴未艾，因此法律法规也应该随着技术的发展不断更新。根据现实需求，对已有的法律法规不断补充完善。其次，要做到健全安全保障制度。要完善网络信息审查制度，在监控中发现与法规有违背的，要及时处理，避免扩大不良影响。再次，高校要建立自己的网络信息监控制度，制定一系列符合校园网络发展的规章制度，如实名登记制度、个人主页申请制度、网站审核制度等。通过制度规范提高网络管理的科学化水平，净化网络环境，为大学生的成长成才营造一个清朗的网络空间。

（2）引导网络环境的自律发展

健全网络环境的法律法规是刚性层面的网络环境建设，引导网络环境的自律发展则是柔性层面的网络环境建设。网络环境的自律，一方面，引导互联网行业和互联网从业者按照积极发展、加强管理、趋利避害、为我所用的方针，建立互联网行业发展的自律机制和规范从业人员的行为，我国先后出台了《中国互联网行业自律公约》《文明上网自律公约》等，保障网络环境的健康发展。另一方面，引导大学生的网络自律。大学生作为网络大军中的主力，又是具有较高素质和文化水平的群体，他们具有较好的是非识别能力，通过引导他们的网络自律，约束他们在网络中的行为举止，从而净化网络环境。但由于网络环境的超地域性和不可控性，很多学生容易被一时的冲动所蒙蔽而丧失正确的判断。因此只有加强大学生网络素养教育，才能解决问题，其主要办法就是疏堵结合。"堵"绝对不是禁止学生上网，而是面对这个虚拟的生存空间，引导大学生把现实生活中的自律也应用于网络，对于来路不明的信息、现象，不要随意评论，不要成为"键盘侠"。"疏"就要求对网络环境加大管理力度，加强网络环境自律方面的宣传力度，提高大学生的网络道德观念和行为自觉，使其做到知行统一。此外，还需要建立网络信息管理的常设机构，利用技术手段监管、规范大学生的网络行为。

（3）优化网络环境的安全管理

网络环境需要以网络安全为保障。各部门要各司其职，共同为学生打造一个清朗的网络环境。网络技术部门要承担起建设和维护校园网络的工作，保障网络稳定、安全的运行；宣传部门要加强对网络的内容监管，做好网上热点敏感话题的及时处理及反馈；教育部门要加大网络安全的相关教育；安全保卫部门负责网络环境的安全监督，建立监督机制、网络安全预警机制等，提高对安全突发事件的应急处置能力。通过构建各部门的协同工作机制，形成工作合力，更好地发挥网络环境的正面教育功能。

综上所述，校园环境、社会环境和网络环境所组成的环境子系统是大学生思想和行为引导系统的重要组成部分，它们之间既相互独立，又相互渗透、相互协同、相互支撑。

二、实现"固根基—能拓展"的内容建设

科学合理的大学生思想和行为引导内容建设，直接关系到思想政治教育的实效性和教育目标的实现。网络的迅捷性、超信息量等特点，要求高校大学生思想政治教育的内容建设丰富且全面，提供不同视角的解读，提高教育内容质量，增强教育者的权威和信誉，满足受教育者的需求，同时又能兼具文化和科技含量，经得住时间和实践的检验。

基于互联网思维的大学生思想和行为引导内容建设，应以"固根基—能拓展"为基本特征。一方面，毫不动摇地坚持马克思主义的一元指导地位；另一方面，也要运用迭代思维，密切关注大学生的最新需求，对教育内容及时调整、改进和创新，实现内容的与时俱进。大学生思想和行为引导工作必须要牢固树立"立德树人"的育人宗旨，以学生的成长成才为出发点和落脚点，使其形成正确的人生观、世界观和价值观。"固根基"就是坚持以马克思列宁主义、毛泽东思想、邓小平理论、"三个代表"重要思想、科学发展观、习近平新时代中国特色社会主义思想作为指导，尤其是在党的十八大以后，中国特色社会主义进入新时代，要求必须有新的思想政治教育内容与之相匹配。"能拓展"则是指基于互联网思维的大学生思想和行为引导内容建设要注重更新迭代、与时俱进，以发展着、变化着的

社会热点和育人重点、难点指导其建设，使教育内容具有思想启发性和时代创新性。基于互联网思维的大学生思想和行为引导内容建设既要反映大学生思想政治教育的基本任务，又要适应新的历史形势、历史条件和时代特征；应重点从核心内容、基本内容和时代内容等三个方面对大学生思想和行为引导内容进行建设。其中以社会主义核心价值观为重点的核心内容是大学生思想和行为引导必须紧紧围绕、贯穿始终的内容，是其他内容的基石。

（一）核心内容建设

核心内容在开展对大学生思想和行为的教育引导工作中，是最基本、最起始，也是最根本的内容，它反映了大学生思想和行为引导的性质并指明其方向，具有深刻理论性和现实指导性。青年的价值取向决定了未来整个社会的价值取向。青年要从现在做起、从自己做起，使社会主义核心价值观成为自己的基本遵循，并身体力行大力将其推广到全社会去。以社会主义核心价值观为主的核心内容是开展思想和行为引导的基础，教育内容传递着高校学生教育所要求的基本思想观念、道德行为规范以及基本政治观点等内容。它是大学生思想政治教育内容的核心，更是思想政治教育目标实现的关键。

1. 主要内容

（1）强化爱国情怀

爱国是每个公民的基本义务，也是必须承担的责任。进行社会主义核心价值观的培育，首先要强化大学生的爱国情怀，把爱国思想植入每个学生的心中，并能够在实践中主动践行爱国主义。一方面，强化爱国情怀就是要帮助大学生认识到其担负的历史使命。帮助学生自觉将自身的成长、成才与祖国和民族的前途命运联系起来。新形势下的大学生要以国家繁荣昌盛和民族伟大复兴为学习目标，用爱国情怀为学习注入强大的推动力，努力学习科学文化知识，提升自身专业技术水平，立志成为国家需要的高素质人才。同时，在互联网这样一个无国界的全球化平台上，国家安全和信息安全面临来自敌对势力等前所未有的挑战，大学生要用爱国精神武装自己，对敌对势力保持高度警惕，在互联网上坚定维护祖国的安全和形象。另一方面，强化爱国情怀就是要引导大学生的理性爱国。毋庸置疑，大学生古往今来都是最活跃、最有激情的群体。大学生的爱国热情不可忽视，值得保护。但是，爱国不仅需要满腔热血，还需要一个冷静睿智的头脑。从国家和人民的发展和利益出发，在法律规范和道德约束范围内充分表达自己的爱国情怀，才是以大局为重的真正爱国。强化大学生的爱国情怀，帮助大学生理性爱国，要求我们关注并合理引导大学生的爱国方式和方法。首先，理性爱国，就必须了解我们的国家。"知之深"方能"爱之切"。不难想象，一个对自己国家都不了解的人，又怎会对国家有深厚的感情。因此，我们必须引导大学生充分了解我们国家的过去、现在和未来，只有这样才能激发学生强烈的民族自尊心和自豪感。其次，理性爱国，就要学会理性思考。随着全球化进程的不断深入，国家之间的经济、政治、文化等方面日益交织在一起，我国面临着日益复杂的国际形势。面对复杂局势如果没有科学的分析就无法正确地对待。理性爱国，就是要引导大学生将爱国热情纳入理性的通道，学会理性思考、科学判断、合理应对。

（2）养成敬业精神

敬业精神是个体以明确的目标、高尚的价值观、兢兢业业的态度，长期从事某项工作时展现出来的一种可贵品质。敬业是个人完成工作的必要条件和可靠保证。敬业也是实现中国梦的力量源泉。爱岗敬业是国家和时代所提出的要求，促进大学生养成敬业精神的引导教育工作势在必行，具体可以从以下几个方面进行：第一，工匠精神教育。所谓工匠精神简单来说就是一种职业精神，交叉表现出一个从业者行为上的职业道德、职业能力和职业品质，是从业者在职业上的价值取向。培养大学生的工匠精神，就是要学生养成工作认真严谨、细致热情、全神贯注的职业态度；要锻炼学生千锤百炼、寻求精致的职业品格；要培养学生耐心、"不抛弃、不放弃"的职业精神；要帮助学生树立追求突破，敢于创新的时代精神。第二，职业生涯规划教育。广义上，就是帮助大学生进行大学期间的学习生活和未来的职业规划等；狭义上，则是根据大学生自身的兴趣、爱好、能力、特长、性格、家庭情况、成长经历等因素，进行科学的分析和评估，结合专业、行业的地位、发展趋势、经济环境等外部条件，最终确定的既立足现实又展望未来的适合学生个体的职业发展目标，并为实现这个目标做出的长短期的计划。第三，职业道德教育。加强职业道德教育是培养敬业精神的重要手段。一方面，通过课程、报告等多种形式帮助学生了解行业动态、发展前景、岗位要求等相关知识，了解岗位承担的责任、权利和义务，以此强化学生的职业意识，提升职业能力，调整职业心态，适应职业环境，帮助学生完成角色转换；另一方面，结合专业特点，对学生进行实践技能的训练，通过学生的亲身参与、真实体验，近距离地走进企业，了解社会，使学生不仅能够提高自己的能力，还能磨炼自己的专业素养和敬业精神。

（3）提升诚信素养

诚信是每个公民应该具有的道德规范和行为准则。所谓"诚"就是诚实、真诚。所谓"信"就是信义、守信。诚信是社会主义核心价值观的道德基础，在人们和谐相处、社会稳定发展、国家治理等方面都有着重大的意义。在当下的互联网时代，由于互联网的开放思维造成的监管缺失导致"诚信危机"的现象屡有发生，呼唤诚信的价值回归尤为重要。因此，积极倡导和培育以诚信为基础的社会主义核心价值观，既是推动公民道德建设的重要手段，也是弘扬互联网思维的有效途径。提升大学生诚信素养、对其进行诚信教育，应从以下三个方面入手：

第一，道德诚信。大学生道德诚信教育是大学生做人的基础教育。一方面，引导学生作为个体要诚信。引导大学生说话要有一说一，言行一致，恭敬谦让，彬彬有礼，以养成做人的良好品格。另一方面，引导学生作为公民要诚信。

第二，学术诚信。大学生学术诚信教育是大学生求学的品格教育。一方面，学术诚信教育指导学生在对待科学的态度，以求"真"为目标和责任，自觉维护学术道德的神圣性，养成求真务实的严谨治学精神；在钻研学术的过程中，必须以事实为依据，不可凭空捏造"成果"。另一方面，是在对待他人和其研究成果上要讲"信"。首先，要相信他人，从而相互信任、增强合作。当今科技的发展往往是跨领域、跨学科的融合和创新，需要依靠一个或几个科研团队的成员团结合作才能完成。科学研究已从单打独斗发展为团体作战。作为团队成员只有互相信任才能精诚合作，只有互相信任才能聚集集体智慧，也只有互相信任才能同心协力为推动科技进步而奋斗。其次，要尊重他人的劳动和劳动成果。引导大学生在学术研究中遵守学术诚信和学术道德，在学习、吸收、借鉴他人成果的时候，能够尊重他人的学术成果，摒弃学术抄袭、学术剽窃等不良行为，严格遵守学术研究的基本道德规范。

第三，信用诚信。大学生信用教育是大学生立世的根本教育。互联网时代，全球化深入到我国经济、社会的各个角落，全球化推动我国经济与世界经济的不断深入融合，"信用度"成为国家间包括经济在内的所有往来的基石。随着市场经济体制的不断深化，我国已初步具备与市场经济相适应的法制体系，但是，我们要适应市场经济的信用体系仍在逐步建立和完善，我国正在从市场经济向信用经济逐步过渡。大学生作为经济建设的主力军，树立信用诚信的观念势在必行。要提升大学生的诚信素养，一方面，要加强信用知识教育。信用体系内容丰富、内涵深刻，大学生掌握了相关的信用知识才能更好地强化诚信的重要性，树立信用意识，遵守诚实守信的道德底线。另一方面，要引导学生树立"契约精神"。"契约精神"是信用诚信的核心。要教育大学生从遵守就业协议、按期归还国家助学贷款等身边的点滴做起，主动践行"言必行、行必果"的契约精神。

2.建设原则

（1）方向性原则

教育方向的正确与否决定着大学生思想和行为引导的性质，对进行大学生思想和行为引导的成效有着重要影响。所以方向性原则应始终贯穿于大学生思想政治教育工作中，这是底线要求。在我国，大学生思想和行为引导的基础是立足于我国社会的政治、经济、文化及生活，其教育内容必须体现社会主义的性质，必须贯彻落实党和国家的方针政策。这是其阶级性的体现，也是大学生思想和行为引导内容构建的价值取向，以此为基础，大学生思想和行为引导的内容必须体现中国特色社会主义性质，为中国特色社会主义事业服务。社会与经济体制正处深刻变革时期，社会结构与利益格局出现了重大变化，再加上世界各国交流与合作日益紧密，多元化的文化激烈碰撞，这对提高大学生的思想认识，把培育学生的社会主义核心价值观提升到更高层次，提出了更高的要求。

（2）系统性原则

系统性原则意味着大学生的思想和行为指导内容应该是一个严格而完整的科学体系。此外，这些内容的实施是一个组织良好、系统教导、长期且持续的过程，是在短暂的时间里和有限的精力下无法实现的，需要不懈努力。在进行基于互联网思维的大学生思想和行为引导内容建设的过程中坚持系统性原则，就需要思想政治教育工作者充分认识大学生思想政治教育自身的系统构成和实施过程中的系统运作。基于互联网思维开展大学生思想和行为引导的内容非常丰富，既包括爱国主义、理想信念、道德品质的培养和世界观、人生观、价值观的引导，又包括心理及生理健康教育、人文素质教育等方面的内容。这些内容都是从不同方面促进大学生的思想意识、道德行为和身心素质的提高，具有不同的作用。与此同时，这些内容要素之间相互联系，要求教育者遵循客观规律，统一协调、循序渐进、有机结合，实现各项教育内容之间的和谐推进。

（3）科学性原则

科学性是指可行性和有效性。对大学生进行思想和行为引导，就是将事实和道理有机结合，逐步地引导学生，用客观的理性和清晰严谨的逻辑说服学生，它是否有效，很大部分取决于大学生对我们教育内容的接受程度，这也是教育引导内容的根本和精髓。基于互联网思维的大学生思想和行为引导工作及其内容，必须符合马克思主义的基本原理。脱离真理，脱离社会发展的客观规律和实际要求，教育内容就失去了真正的意义，必将成为干瘪的空谈，这对于正确引导大学生的思想方向极为不利。

3.建设路径

（1）唱响主旋律

高校作为大学生思想和行为引导的主阵地，承担着为社会主义培养建设者和接班人的重责，这就决定了要坚守底线思维，坚持马克思主义的指引，在正确的方向上坚定不移地唱响主旋律，这是以社会主义核心价值观为引领的大学生思想和行为引导的内核和基础。

因此，要求我们要对大学生进行系统的马克思主义理论教育，使马克思主义思想根植于大学生头脑；用中国特色社会主义理论体系和习近平新时代中国特色社会主义思想教育青年学生，使他们形成正确的世界观和政治观。唱响主旋律的最佳形式则是润物无声地将其融入平常的教育引导内容之中，以贴近大学生生活的形式及内容，培养师生的爱国情怀，促进社会主义先进校园文化的建设，构建积极健康、充满活力的大学校园，以使学生得到更全面而自由的发展。在弘扬主旋律的同时，其内容必须突出高品位、高质量，并体现时代要求和学校特色，不断解决社会主义基本矛盾在高校里的具体体现，使学生心怀政治理想、端正政治态度、知荣辱、树新风，引导大学生认识中国特色社会主义的价值。

（2）融入文化建设

过去我们进行社会主义核心价值观教育时，主要通过思政课堂、党团活动、思想政治辅导员与学生面对面交流等途径进行，这些途径在互联网时代难以更好地实现教育目的。我们必须立足于社会现实，从中提炼精华，来解决那些与大学生息息相关、关乎其切身利益的基本和重点问题，将社会主义核心价值观与校园文化建设有机结合，采用更加贴近社会生活、贴近现实热度的方式来进行核心内容的传播和渗透。

（二）基本内容建设

基于互联网思维开展大学生思想和行为引导的基本内容建设，以培养大学生发展的核心素养为目标，培养有利于学生终身发展和满足社会发展需要的优秀品质和综合能力。

1. 主要内容

（1）科学精神

科学精神是一个大学生最基本的素养之一，也是高校和社会对大学生最本质的要求。求真求实、追求卓越是科学精神的体现。大学是高校学生学业、科研等相关专业素养培养的重要时期，在大学着重培养学生的科学精神和专业素养，对于学生今后的人生发展和职业生涯有着重大意义。因此，基于互联网思维在科学精神方面给予学生引导，我们可以采用大数据的方法，紧密结合学校的实际情况，具体分析每一个学生的实际情况，进而对其进行多角度、针对性的教育指导。通过线上、线下相结合的方式，组织学生认真学习本专业的各门专业课，了解专业对自身素养的基本要求，并内化为自己的专业素养。

（2）人文底蕴

缺乏人文底蕴的大学生是轻浮的、不完善的，人文底蕴在大学生的全面发展中占据重要地位。人文底蕴主要涉及文化、艺术、美学、教育、哲学、国学和历史等方面的内容。

培养大学生的人文底蕴，就是要培养大学生学习人文知识、应用人文技能的基本能力，从而提升学生的文化积淀、人文情怀、审美情趣等。为了更好地增强大学生的人文底蕴，一方面，在线下线上开设内容多样的通识课程、人文讲座等丰富学生的人文知识。另一方面，通过实践帮助大学生将人文知识内化成人文精神。比如，利用征文、演讲比赛、"三下乡"活动等传统的形式，也可以利用 3D 影像虚拟、VR 体验等方式，让学生在实践中感受人文精神的力量，提升学生的人文底蕴。

（3）学会学习

在当今知识经济社会中，新知识、新科技不断涌现，知识迭代更快，培养学生养成自主学习的习惯和具备自主学习的能力具有十分重大的意义。学习中的自主权是学生开展自主学习的前提。在学生学习必修专业课的基础上，要充分激发他们的兴趣，让他们能够根据自己的兴趣爱好来进行其他课程的选择。在课程的学习中，教师要引导学生积极将所学的理论知识和实际应用联系起来，通过课堂学基础、课外深入研习的方式，以个人或小组的形式，在课堂上进行探讨，做课堂真正的"主人"。此外，要指导学生明确自己的学习目标，让学生在实现目标的同时，能够不断提高自信、提高自身综合素质和能力。同时，建立优秀学生奖励机制来鞭策每一位同学积极主动地去学习。让优秀学生分享自己的学习心得和学习方法，鼓励学生自强不息、以更好的姿态迎接更大的挑战并最终实现自己的目标。学习方法的总结也是自主学习中的重要一环，要指导学生整理并总结出适合自己的学习方法，让他们在借鉴他人有效方法的同时、循着自己的"规则"进行不断学习钻研，要让学生明白，对自己最终学习的效果起决定性作用的还是自己的那一套"规则"、方法，以此来激发学生内在潜力，提高学习效率。最后，要引导学生阶段性地对自己的学习情况进行反思、自省，以便在下一个阶段有序、更好地展开学习；教师也要从旁进行敲击、引导，激励学生不断深入自主学习、形成良性循环。

（4）健康生活

健康教育对保障人民身心健康、推动社会的稳定和谐可持续发展意义重大。因此，在大学阶段树立健康的生活理念并养成健康的生活习惯，对于大学生今后的学习生活能健康有序地进行意义非凡。为了促进大学生的身心健康发展，高校应为学生提供合理充足的资源，加强对大学生的健康教育，增强大学生的健康意识，让他们拥有一个强健的体魄和积极向上的人格。

随着互联网的飞速发展，网络成为除电视、广播和报刊之外、大学生获取健康知识的重要渠道，大学生对健康知识的要求也随之发生变化。因此，我们既要坚持传统的课堂教学和专题讲座，让学生了解一些流行性疾病和传染性疾病如肺结核、艾滋病等的相关知识，让他们能理性客观地对待、科学有效地预防；也应充分利用互联网时代的新特征和新方法，结合微信、微博等新媒体传播方式，广泛传播内容丰富的健康知识，促进大学生现代健康意识的形成。

（5）责任担当

加强学生的责任意识，使学生能够密切关注个人、家庭和国家社会的发展，以主动学习、坚持奋斗、不懈努力并不断提升自己的能力。首先，利用互联网平台，引导学生以更加成熟的态度对大学生作为一个成年人肩上的重大责任进行思考，鼓励学生将理想抱负与责任联系起来，帮助学生树立积极的社会责任感、加强自我管理。其次，通过家校微信群、通知群、新媒体、网页网站等，加强与学生家长的沟通，引导学生与家长进行长期有效的交流、学会主动去关注家庭、关心父母。再次，要引导学生主动关注社会发展现状，就社会的焦点热点问题，与学生深度交流当前的社会现实，让学生合理利用自己的专业知识，在学校创造的大大小小不同的平台上，积极参与社会服务，最终增强大学生国家和社会责任感。

（6）实践创新

创新是一个民族的灵魂，是一个国家兴旺发达的不竭动力。大学生作为社会发展进步的支柱，培育他们的创新精神是高校教育尤其是思想政治教育中的一个重要环节，且势在必行。大学生在专业知识学习累计的基础上，参加科技创新的能力已经初步具备。因此，结合互联网时代的多元化和便捷化，可以利用互联网情境下的新媒体平台等，开展相关教育活动，引导学生逐渐培养创新精神。一方面，邀请海内外专家学者进校开展讲座，让学生有更多机会参加专业相关的学术活动、接触学术前沿，激发学生的科研兴趣和创新热情；另一方面，组织品牌学术活动、创新学术沙龙、组织学生参加各类创新竞赛，营造良好的创新氛围，提升大学生的创新能力。

2.建设原则

（1）实践性原则

实践是思想政治教育产生发展的源泉、动力和检验标准，基于互联网思维开展大学生思想和行为引导，更应该对其实践性提出新的要求。思想政治教育来源于社会的现实需要，它来源于实践而不是单纯的理论方法。思想政治教育的内容体系让相关的教育活动更加科学合理、有效规范，其目的在于联系实际、通往现实。另外，思想政治教育是在实践中不断发展变化且能经得起实践检验的。因而，思想政治教育稳定的本质是实践性，它是连接主客观活动过程中的内在规定性，是从思想政治教育创建之初就具备的同思想政治教育的阶级性一样，是与生俱来的，是不容忽视、必须加以正确认识的。

（2）贴近性原则

在基于互联网思维开展大学生思想和行为引导工作的过程中，贴近性原则不仅是实施以人为本的教育理念的必然要求，也是不断提高相关工作有效性的关键。而融入大学生的实际生活是基于互联网思维进行大学生思想和行为引导工作实施的前提和基础。融入大学生生活，是指互联网情境下的思想政治教育应及时明确大学生生活特点，了解随着实际不断变化、涉及大学生学习生活的各个方面的新情况。要使大学生思想和行为引导工作更加贴近生活，关键在于要真实反映和解决学生最关心的问题，制度的制定实施、教育教学管理要切实从大学生不断变化的身心特点出发，紧紧围绕大学生学习和生活，了解大学生真正所想、实际所需。

服务大学生生活是基于互联网思维进行大学生思想和行为引导工作的必然和保障。思想政治教育服务大学生生活是指我们进行大学生思想和行为引导工作要立足于解决大学生的思想问题和现实问题，让大学生的生活变得丰富多彩、自身发展得到德智体美劳等全方位的提升。互联网情境下思想政治教育工作贴近性的根本目标是引导大学生生活，即思想政治教育者要积极、适时向学生描绘美好未来生活的蓝图，激励大学生自强不息、奋发图强，以英勇的姿态迎接未来的挑战，打造美好新世界。

（3）渗透性原则

渗透性是基于互联网思维进行大学生思想和行为引导工作的基本内容建设中不可或缺的原则之一。大学生既是高校思想政治工作的对象，又是展开相关工作的基础，同时作为一个复杂的社会存在，他们是自然和社会、共性和个性及理性和感性等的矛盾统一体。因此，为了引导大学生树立形成积极向上的思想价值和理念，高校思想政治教育工作不仅要坚持传统的理论知识灌输，还要重视互联网时代中正能量的渗透影响。要积极开展多种实践活动，注重外在推动力和内在自主性的影响，在实践中不断对大学生的思想政治意识进行陶冶。

同时，高校思想政治工作的复杂性、社会性、多方面性、多维度性、多层次性、多因素制约性和功能的有限性等是基于互联网思维进行大学生思想和行为引导工作的重要特点，它们决定了要做好这一工作，必须要将该工作与学校、家庭乃至国家社会的点滴紧密结合，渗透到各项工作中，建立完善各项机制体制。做好新形势下基于互联网思维进行大学生思想和行为引导工作必须时时处处体现出渗透的特点与要求。

3. 建设路径

（1）把握整体

培养和提升大学生核心素养，是为了让学生能够游刃有余地应用所学的理论知识和技术于实际问题中，并且能够独立思考、善于分析，使学生具有客观理性的思维和敢于挑战权威、不断探索的科学精神。所以基础内容建设必须以互联网思维的全面发展理念为指导，同时科学精神、人文底蕴、学会学习、健康生活、责任担当、实践创新等六个方面的基础内容不能缺少，更不能割裂。既要注重形式，又要丰富内涵；既要传授理工科的专业知识，又要传播人文社科的"软"能力；既要教授学生知识，又要引导其深入思考；既注重理论，又重视实践和应用。

（2）交叉互联

基础内容的建设要强调学生对于科学精神、人文底蕴、学会学习、健康生活、责任担当、实践创新等六方面意义的理解、运用与创造，引导学生在实践中全面学习、检验效果、悟出真知，提高发现问题并解决问题的能力。基本内容建设强调学生对人文科学、社会科学、自然科学等知识的理解和应用，六个方面聚焦的素养培养的侧重点有所不同，但又有所交叉。所以，要将各方面的培养内容交叉融入学生的思想和行为引导内容中，使学生的核心素养得到综合全面、自由协调的发展。比如电子科技大学提出了"让科学插上艺术的翅膀"这一理念，让理性的科学研究变得鲜活，让学生充满对科技探索的热情，让学生的科学精神和人文底蕴在交叉互联中共同提升。

（三）时代内容建设

大学生思想和行为引导的内容是紧跟时代和大环境的发展而变化的。在互联网时代，大学生思想和行为引导工作要紧跟时代步伐，不断更新其内容，保持生机和活力。基于互联网思维的大学生思想和行为引导内容体系的构建，也要适应时代发展、大学生社会生活实际及大学生的思想特点。

基于互联网思维开展大学生思想和行为引导内容体系的构建是蕴含教育目的的载体，连接着教育者及其教育的对象，同时教育内容应准确把握大学生在思想认识、精神境界的可塑性等特点，在了解明确学生的思想动态的基础上，搞清楚学生在学习生活中面临的疑难问题，使教育内容有效地发挥其作用。

1. 主要内容

随着时代的不断发展和社会的不断进步，在当今的互联网时代，互联网已成为大学生获取信息和人际交往的主要渠道，但网络本就是一个鱼龙混杂的世界，自媒体的发展又加大了它的复杂程度。因此，基于互联网思维的大学生思想和行为引导的一项重要工作，就是要提升大学生的网络素养，引导他们文明上网、自觉维护网络清明环境。

网络素养是人们在认识和使用网络时应该具备的修养和掌握的能力，具体应主要包括网络知识与技能素养、网络信息甄别素养、网络道德素养、网络法律与安全素养四个方面。当今我们评价大学生的综合能力必须要考虑其网络素养，因此加强大学生的网络素养是高校人文素质教育的延伸拓展，也是让大学生全面发展的必然要求；网络素养教育是互联网时代下大学生思想和行为引导的新内容。

（1）网络知识与技能素养

信息技术的发展是人类网络活动得以进行的保证，一方面网络技术为人们的网络生活等提供便利，另一方面所有的网络实践活动都需要一定的理论知识的支撑和网络操作技术的支持，网络活动也不能超前于当前网络技术发展的水平而进行。因此，要想切身体会网络的便捷利用网络享受学习和生活的乐趣，必须要掌握适量的网络知识和技术，培养自己的技能素养。

（2）网络信息甄别素养

网络信息甄别素养是网络素养的基础，在认识、理解网络信息的前提下人们逐渐开展相关的网络活动。具备网络信息甄别素养意味着当你接受到网络信息的时候，你有足够的能力根据社会主流价值观和客观事物发展的规律去判断，从而对其进行甄别。网络信息甄别素养是互联网时代下人们进行理性认识和分析思考的关键，因此需要培养大学生实事求是地筛选信息的意识和能力，对海量网络信息进行辩证地吸收选择，能够识别并自觉抵制毫无营养或者有害信息的诱惑。

（3）网络道德素养

互联网的虚拟性和隐匿性，造成网络活动的不真实性和传播信息的不确定性，进而导致各种互联网危机的出现。网络社会的健康发展，在于网民能够树立网络道德意识、自觉规范自己的言行。网络道德是在互联网时代下道德的新的组成部分，它是指以善恶为标准，通过社会舆论、内心信念和传统习惯来评价人的网上行为，调节网络时空中人与人之间以及个人与社会之间的行为规范。网络道德素养不仅意味着人们在网上的一言一行都要受到网络道德的规范和约束，还要求人们遵守社会公正、诚实信用、集体主义、人道主义等社会主义道德原则，恪守文明礼貌、助人为乐、保护环境、遵纪守法、爱护公物等社会主义社会公德，尊重他人隐私，诚实交往，文明沟通。培养大学生的网络道德素养，对引导他们树立良好的网络交际意识、提升自己的网络精神境界，具有重要的意义。

（4）网络法律与安全素养

为了使网络活动能够正常有序地进行，人们必须具有网络法律与安全素养。网络法律与安全素养是指网民知法、守法和用法的意识和能力。这里的"法"主要是与互联网相关的法律法规，如《中华人民共和国刑法》《互联网信息服务管理办法》《中华人民共和国网络安全法》《信息网络传播权保护条例》《互联网文化管理暂行规定》《中华人民共和国著作权法》等。法律面前人人平等，一切个人和组织都不能违反相关法律法规，应在网络活动中规范自己的言行，传播积极正能量、文明用语，不造谣、不传谣，自觉抵制、举报不良信息，尊重他人权益，懂得运用法律武器维护自身利益、坚决维护国家利益和社会稳定毫不动摇。网络法律与安全素养进一步贯彻落实了习近平总书记所提出的国家网络安全观，并要求大学生提高自我保护意识和个人及国家的信息技术保护意识，做一个具有高度安全意识的网络用户，并帮助建立一个安全的网络空间。

2. 建设原则

（1）时代性原则

大学生思想和行为引导的内容随着社会发展而发生改变，因此，基于互联网思维的大学生思想和行为引导工作体系要紧扣时代发展的大标题，使高校思想政治教育工作的内容与时俱进、符合社会主流价值观，使高校思想政治教育的内容体系跟随时代潮流、永不落伍。时代性原则对于高校思想政治教育工作的要求主要体现在两个方面：

一方面，基于互联网思维的大学生思想和行为引导内容在构建过程中应加入有时代特色的内容。高校思想政治教育工作者应该好好把握互联网时代的特征，逐步抛开传统教育的弊端，创新教育新方法，更新教育内容，激发学生对所教育内容的兴趣并使其愉悦接受。另外，高校思想政治教育工作者还要及时更新自己的知识库、拓宽眼界、提升精神境界，不断提高向学生所传达和教育的知识内容的水准，使其具有互联网时代的风格和健康思想。

另一方面，基于互联网思维的大学生思想和行为引导内容在构建过程中要立足实际，突出重点。大学生思想和行为引导的内容不能与时代脱节，既要正视国内外的理论更新，又要关注现实的发展实况，要把握青年学生的思想变化和思想焦点，帮助他们解决学习生活、身心健康和思想等方面的问题。另外，基于互联网思维的大学生思想和行为引导教育的内容既要密切注意整个学生群体思想随现实问题的发展变化而发生的变化，又要从学生个体的思想特点出发，相应地去构建、调整教育内容，使学生塑造阳光积极的性格并形成正确的人生观、价值观和世界观。

（2）发展性原则

基于互联网思维的大学生思想和行为引导教育工作既要满足青年学生眼下的发展需求，又要使青年学生树立远大理想，以超过现实的发展要求自己不断进步，这就是发展性原则的要求。青年学生要用联系、发展的眼光看待个人的发展、国家和社会的发展，不能只看眼前。因此，高校思想政治教育的内容应当"有远见"、有着引导鞭策的功能。教育内容在某种意义上反映了学生在接受教育后应该具备的思想状态，它是学生个人、家庭和国家社会对学生成长所寄予的"厚望"，需要学生为此不懈奋斗和努力，是"有远见"的内容。除此之外，教育内容应该无时无刻不引导鞭策学生，甚至高校思想政治教育工作者，让他们认清现实和理想或目标的差距，从而为理想或目标不断拼搏。基于互联网思维开展大学生思想和行为引导工作的发展性是在对学生进行互联网时代思想政治教育内容建构时不可或缺的重要一点，脱离了发展性要求，仅仅是就事论事，就失去了互联网时代思想政治教育内容的导向功能和价值。

同时，在互联网情境下，思想政治教育内容也发生了新的变化。为了适应时代的发展变化，切实满足学生的实际需求，大学生思想和行为引导教育要立足实际、具体而有针对性地调整其内容。调整而不取代，本质的内容不能被忽视和抛弃。因此，发展性也是对基于互联网思维的大学生思想和行为引导教育内容不断与时俱进的内在要求。失去了发展性，教育内容就会失去生机和活力、停滞不前，最终的结果就是脱离历史实际，为时代所不容。

因此，根据基于互联网思维的大学生思想和行为引导工作的发展性要求，互联网时代的学生思想政治教育的内容要从社会发展的实际和学生的需求出发，不断更新，该纳新的纳新，该除旧的除旧。只有始终坚持基于互联网思维的大学生思想和行为引导工作的发展性要求，勇于改革、创新发展、与时俱进，才能使互联网时代的思想教育内容不断扩展其"枝"和"叶"，增添生机与活力，实现与时俱进、与时代共发展的目标。

（3）现实性原则

现实性指基于互联网思维的大学生思想和行为引导内容的建构扎根于现实土壤，其发展变化是有理有据的。基于互联网思维的大学生思想和行为引导内容的构建，一定要符合客观规律的发展，符合社会现实。也就是说，互联网时代学生思想政治教育内容的建构，要立足于社会现状和客观规律，要能够满足广大青年学生的实际发展需求，根据学生的思想变化和特点，让教育内容和现实相互反映、相互体现。

但在实际应用的过程中，互联网时代思想政治教育工作不能只满足于现实性的要求，而应将思想政治教育的发展性和现实性相结合。基于互联网思维的大学生思想和行为引导内容的建构既要从实际出发，又要有实际现状不可比拟的优势和先进。因此，密切关注社会现实的发展，将教育内容与实际问题紧密结合，使其反映并能解决实际问题，以此来丰富互联网时代教育内容的内涵，使高校教育内容在一定程度上接地气。另外，要用前沿的理论知识、优质的思想道德和高尚的精神观念来引领互联网时代的思想政治教育，武装教育者的思想，提高他们的精神境界，使教育内容"有远见"。只有源于现实，高于现实，才能真正地使教育内容既植根于肥沃的现实土壤之中，又能灌溉先进的思想灵魂，使大学生思想和行为引导工作在立足实际的同时又具有前瞻性，基于互联网思维实现思想政治教育内容的多元功能。

3.建设路径

（1）纵向更新迭代

随着社会的不断发展，大学生思想和行为引导的内容也在更新迭代。特别是时代内容的建设，必须要与社会发展、党和国家的相关政策要求步调一致，契合学校已经建设的校园文化和不断发展中的大学生的思想和行为特点，从而丰富和发展大学生思想和行为引导的时代内容，并将其融入到校园文化的内容之中，使学生得到潜移默化的引导和提升。只有注重时代内容的更新、创新，才能增强基于互联网思维的大学生思想和行为引导的影响力和执行效果。如电子科技大学每年坚持开展的"校园网络文化节"，从微电影、摄影、文字、短视频等同学们所喜闻乐见的不同形式来进行互联网思维下的时代内容的传播。而每届网络文化节的主题都紧跟时代潮流，包括网络教育、网络安全、走进新时代等当时比较关注的主题，将思想和行为引导的时代内容紧密嵌入其中。让同学们能够在喜闻乐见的形式中，对当下的时代内容产生更深层次的理解。与此同时，还要注重更新运用新的媒体平台。结合新的平台，高校思想政治教育的工作要坚持以学生为导向，坚持互动的原则，解决学生实际问题，使学生能在新的媒介平台中愉悦接受思想政治教育。

（2）横向多元发展

时代内容还应强调横向的多元化和丰富性。要结合党和国家的要求、社会的要求、高校的需求和学生的需求，不断把更多具有时代意义、教育意义和教育需求的内容扩充进来，不断找到社会、校园中新问题、新内容与人才培养的内在联系，让时代内容不断拓展其内涵和外延。在加强时代内容建设提高网络素养的同时，还应注重树立敏锐的政治意识、高度的安全意识、产品的创新意识、高效的管理意识。因此在今天的网络社会，文字不该是思想政治教育的网络文化作品中唯一的表达方式，我们要寻求形式的多样化。比如重庆第二师范大学所开展的将传统茶文化融入高校网络思想政治教育的活动，将茶文化的传统和网络文化的新潮完美结合，通过茶文化的新颖有趣来吸引高校学生，改变了以往时代内容刻板无趣的一面，将其融入各类茶艺表演、茶文化宣讲、茶类诗歌名著阅读之中，有效地提升了高校同学们的兴趣，从而达到了时代内容的教育目标。

第五章 大数据时代大学生思想教育路径革新——教育平台的建设

第一节 大数据时代大学生思想教育课程平台建设

互联网时代大学生的思想和行为方式随着网络技术和计算机终端技术的发展不断发生变化。大学生的学习方式不再拘泥于传统的课堂教学，网络学习已经成为另一种重要的学习方式。基于大数据的课程平台为网络学习提供了学习环境和学习氛围。网络学习具有灵活性、互动性、主动性和个性化的特点，基于大数据的大学生思想和行为引导课程平台建设，就是以网络学习为起点，针对当代大学生的学习习惯，建立具有时代特点的、与大学生学习方式相适应的课程平台。

一、课程平台的功能

课堂教学作为大学生思想和行为引导的首要手段，高校的课程平台必定成为平台建设的重中之重，对大学生的思想和行为引导有着巨大的影响，是思想和行为引导者的重要工具，在大学生思想和行为引导过程中发挥着承载功能、传播功能、教化功能和蕴含功能。

（一）承载功能

在大学生思想和行为引导过程中，课程平台的最基本的功能就是承载思想和行为引导内容。基于互联网思维的课程平台是在承载的海量的信息的基础上，建立新的能够实现互联互通，与大学生思想和行为引导相关，具有强大的信息聚合能力的平台。课程平台上承载与大学生思想和行为发展相关的各个学科门类的知识内容。

（二）传播功能

大学生思想和行为引导的课程平台不仅能承载教育信息，还具有传播教育引导信息的功能，这是课程平台的自然属性。大学生思想和行为引导工作者可以通过课程平台向大学生传播客观正确的理论思想、丰富全面的专业知识以及其他对大学生的综合素质有利的信息。

（三）教化功能

思想和行为引导课程平台具有教化作用。思想政治教育工作者需要利用课程平台的教化功能，让大学生在亲身体验中领会教育引导的信息，在反复进行的社会实践过程中，提高个人修养，提升综合素质。课程平台所传播的信息在大学生接受之后，会有一个从"内化"到"外化"的过程。大学生在接收到信息后，通过个体的筛选、吸收成为个体意识，学生将个体意识表现成为个人的日常行为习惯的过程就是外化过程。

（四）蕴含功能

大学生思想和行为引导课程平台中所包含的教育信息只有在课程平台的运动中才会展现出来，也就是说只有在被重视和利用的时候，课程平台才能发挥其价值，才能作为教育的载体。因此，教育工作者要学会合理发挥课程平台的蕴含作用，鼓励大学生更好地利用课程平台进行自主自觉地学习，激发学生的学习内动力和理性思考的能力。思想政治教育工作者要把正确的思想观念和道德情操蕴含到课程平台中，这些不是以文字、图片或其他可视化的形式表现出来，而是一种隐性的信息，它看不见摸不着，但是当学生很好地运用课程平台进行学习的时候，它就会影响大学生的思维方式，对大学生的人格塑造和价值观引导起到积极的作用。从某种角度说，课程平台不仅仅是简单的思想和行为引导、信息资源传播的工具，而是蕴含着思想和行为引导工作者的引导目的与引导任务的客观社会存在。

二、课程平台的主要特征

基于大数据的大学生思想和行为引导的课程平台为大学生思想和行为引导工作提供了快捷方便的工具，为思想和行为引导工作带来了新活力。与传统的课堂教学相比，基于互联网思维的课程平台在很多地方都有着很大的不同，具有其独特的特征。

（一）教学空间的灵活性

传统教学的教学活动主要是在固定的时间、固定的场合进行，而基于互联网思维的课程平台的教学可以做到：第一，学习地点可以不固定，只要有网络和终端设备，任何地方都可以是学习的场所；第二，学习时间也可以不固定，大学生可以自己自由安排学习时间。

（二）课程内容的共享性

传统教学中，教学资源大部分来自教育者，并通过课堂形式传播。基于互联网思维下课程平台，其教学资源可以来自任何人、任何地方，不再受限于空间和人群。基于互联网的开放性和便捷性，网络课程平台具有海量共享的教学资源，任何人都可以利用互联网技术和移动终端对课程平台里的课程信息进行学习和访问。同时，学习者亦可以将自己已有的学习资源上传到课程平台里，与他人进行共享。

（三）课程形式的多样化

传统教学里的课程形式大多以课堂教学、板书讲座等为主，由教师讲授，学生被动接受，这样的教学形式比较单一枯燥，学习效果也不尽如人意。而基于互联网思维的课程平台，充分利用新媒体工具丰富课程形式，如VR、虚拟现实等形式，在生动地传播知识的同时，也以其新颖有趣的形式吸引学生主动学习，激发学生学习的主动性和积极性。此外，新媒体呈现的探讨式和问答式的课程形式，能激发大学生的主动思考能力和积极探索能力，在探索和实践过程中引导大学生积极思考，勇于创新。例如，时下较为兴盛的MOOC，其教学资源丰富，涵盖各大名校、名师的公开课程；课程形式丰富多样，有视频、文字、图像等；交流互动广泛热烈，让大学生充分展开探讨式学习。

（四）教学方式的交互性

传统的教学模式主要以教师的讲授为主，学习的内容和学习计划是由教师提前规划制定，学习的进行也由教师全权掌控。教学过程中，虽然教师与学生间有一定的互动性，但这种互动性较为局限。而基于互联网思维的课程平台上，学生自己不仅可以和教师进行相互交流，而且学生之间也可以通过超星平台、蓝慕云等网络技术实现及时交流。

（五）学习形式的个性化

不同于传统课堂教学中"一切听从教师安排"，基于互联网思维的课程平台，大学生可以根据自己掌握知识的实际情况来决定自己的学习内容，从而进行有针对性的学习，实现个性化发展。同时，通过课程平台，教师可以通过网络及时了解学生在学习过程的掌握情况和学习状态，并以此为依据调整教学方案；学生也可以结合个人情况，向教师提出自己的要求。此外，基于互联网思维的课程平台中有大量的个性化教学资源，如百科知识、专题指导、学术论坛和专家讲解等内容，这些都是大学生个性化学习的资源支持。

三、课程平台的建设原则

（一）"泛在学习"的原则

所谓的"泛在"即是广泛存在的意思。"泛在学习"是指无处不在的学习，全面的沟通交流，是任何人可以随时随地访问所需信息的一种方式，是利用信息技术为大学生提供一个可以打破时空界限，使用科技工具就可以进行学习的一种方式，即 4A 学习（Anyone，Anytime，Anywhere，Anydevice）。基于互联网思维的课程平台建设的目的是对大学生提供更好的思想和行为引导，是为了让学生能通过课程平台不受时空限制、随时随地顺利地进行学习。在课程平台上，学生可以根据自身需要实现多空间、多时段、多形式的自主学习，全面地满足大学生学习的个性化需求。

（二）"虚拟实践"的原则

基于互联网思维的高校课程平台的一个重要功能就是实现"现实"和"虚拟"的有机结合，充分发挥其各自优势，实现传统的教育手段与网络化的教育手段的深层次的整合，既能有效地保持传统思想和行为引导的优势，又适应时代发展的潮流；既能开展"理论灌输"，又能实现"虚拟实践"。所谓"虚拟实践"，就是指使用数字化媒介在虚拟空间中开展的"在线化""情境化""参与化"的新型实践形式。传统实践活动必须依赖于一定的时间和空间，将虚拟实践运用于课程平台，可以说是为课程平台赋予了全新的时代特征，主要体现在探索性和现实超越性两个方面。探索性是指，教育的主体和客体可以共同探索虚拟实践的方式方法，利用课程平台，开展虚拟实践活动，增加思想和行为引导的探索性和趣味性，提升引导效果。超越性是指，课程平台依托于网络的开放和虚拟性，能让学生及思想和行为引导者不受任何时间和空间的限制，利用课程平台建设的虚拟社会情境基地，供同学们进行虚拟考察和参观。

四、课程平台的建设途径

（一）平台设计模块化

高校课程平台的建设应采用模块化设计。模块化的设计让高校课程平台具有清晰明了的功能划分，能帮助大学生在使用课程平台时，快捷方便地查找自己想要的资源，同时也为思想和行为引导者提供了有利的阵地。高校课程平台的模块化设计可以根据内容建设和功能结构来进行分类，包括分类课程、索引目录等内容模块和系统管理、互动交流、意见反馈、辅助工具等功能模块。内容模块中可以分为常规学习资源和特色化学习资源。常规学习资源包括大学生的必修课程、大纲教案、习题作业、教学录像和模拟测试等内容；特色化学习资源则可以涵盖学习指南、精品课程、名师指导和在线教学等内容。将常规与特色相结合，更广泛地满足学生学习需求和实现对大学生的思想和行为引导。而在功能模块上，要以大学生为本，切实提供大学生学习上所需要的服务。交流反馈模块可以为大学生提供自主学习、自主探讨的空间，辅助工具则可以为大学生提供更多帮助，如自查测试功能、文献检索功能、学习日志和学习工具下载功能等。这些辅助功能的提供和技术的支持，可以为大学生提供更快捷方便的学习方式和渠道，也有利于思想政治教育工作者对大学生进行思想和行为引导。例如，自查测试功能让思想政治教育工作者及时了解该学生当前的学习状态和对某一知识的掌握情况，及时调整学习（大学生）和引导（思想政治教育工作者）方案；文献检索功能为大学生提供了丰富且有序的文献查阅功能；学习工具的下载可以及时解决学生在学习工具使用方面的问题，而不必为了一个学习软件而头疼；学习日志记录了大学生学习过程和学习的内容，这样不仅可以帮助大学生进行自我总结和自我反思，积累学习经验，也有助于思想政治教育工作者根据大学生的具体情况，因材施教，从而进行更加准确深刻的思想和行为引导工作。

（二）单一平台向云平台转化

平台的共享性决定了课程平台的未来发展方向一定是"云平台"建设，以互联网为基础依托，将传统的各个高校的课程平台实现网络空间的整合，形成一个面向所有师生的资源上传、管理、交流、共享的空间。课程平台的"云平台"建设必将打破优质教学资源分配不均的状况，通过共享的动态机制使得优质资源在平台上"流动"起来，从而使更多的师生受益。目前的高校课程平台大多是各自以学校为营地、单独建立的单一平台，高校课程平台的建设应该联合其他课程平台，实现云端的资源共享，由单一平台向云平台转化。高校应当积极利用大数据、云资料等信息技术，将多个平台中的课程内容进行资源整合，丰富课程平台的内容，形成全方位的课程体系，建立完善的课程平台，实现不同课程的资源共享，乃至全国高校课程的共享。高校应积极支持和鼓励各个高校教师乃至学生对课程内容进行丰富和优化，真正实现课程平台的共享和共建，进一步促进高校官方平台内容的自增长。

（三）改革教学模式转变

传统的以线下课程教学为主的教学模式，将线上课程与线下课程结合，形成线上线下双轨并行的课程模式。基于互联网思维的网络课程因其不受时间、地点的限制，为学生个性化学习提供了更多的选择。一方面，可以根据课程的特点，或采用线上形式，或采用线下形式；另一方面，即便同一课程可以拆分成线上部分和线下部分。由于信息技术的不断创新，传统线上课程的弊端得到了很大改善，而课程平台所呈现出的独特优势，越来越受到师生的欢迎。再加上翻转课堂、混合学习、一对一数字化学习的教学手段的实施，MOOC、SPOC等教育资源的支撑，课程平台学习已成为与课堂教学并列的有效教学形式，并逐渐形成线上线下双轨并行的格局。

总体来说，高校课程平台的建设应一方面明确课程平台的定位，制定线上课程的标准，对教师进行信息技术的培训，加强课程管理，提升课程质量，专人负责平台监控，确保平台建设的质量。另一方面，加强校际合作，吸引更多的知名高校和优质教师加入课程平台建设队伍中，打造精品课程和师资联盟；加强跨领域的合作，可以与企业、传媒等合作，建立高校课程平台与社会平台的有机连接，聚集全社会的力量打造更大、更优质的课程平台。

第二节 大数据时代大学生思想教育官方平台建设

随着互联网和移动终端的普及，高校的建设不再仅仅局限于硬件和基础设施等，更有基于网络技术的高校官方网络平台。当代大学生可以随时随地利用网络，通过高校的官方平台来了解学校的各种信息，获取丰富的资源。官方平台是高校发布信息的载体，具有权威性。相较于传统的广播、宣传栏和板报等信息流通方式，官方平台大大提高了信息流通效率，同时打破了时空的限制，操作方便快捷。以学校官方平台来发布资源也能调动学生主动获取信息的积极性，增强了学生的主体性。

高校官方平台主要包括以官网为代表的主题网站、以微博微信为代表的自媒体和以抖音为代表的app等网络平台。以官方网站为代表的官方平台，其发布的信息具有权威性和真实性；利用微信、微博和抖音等社交平台所建立的官方平台又兼顾了社交网络平台的实时性、互动性和参与性。学校官方平台在为大学生提供信息和资源的同时，也为大学生提供了与学校对话的渠道，对大学生的思想和行为引导有着不可低估的力量。

一、高校官方平台的功能

高校官方平台在对大学生思想和行为引导的过程中，在思想导向、舆论引导、激励塑造和传播共享四个方面都发挥了积极作用。高校官方平台在信息传递过程中的活跃度与广泛性，以及更具趣味性和人情味等特征，对内拉近了与大学生之间的距离，对外树立了良好的形象，有利于大学生思想和行为引导工作的发展。

（一）思想导向功能

高校官方平台以网络为媒介，凭借其自身的快捷性、及时性、真实性和权威性等优势，能够积极发挥其思想导向功能，其传播的"主流"思想和"正能量"的内容会对大学生思想和行为产生正向的引导作用。对此，思想政治教育工作者可以利用官方平台，将大学生所关注的，能引起大学生共鸣的内容发布在高校官方平台上，尤其是在较为亲民的微博、微信和抖音等平台上，将正确的世界观、人生观、价值观等，以富含哲理且不失风趣的语言表达出来，以大学生喜欢的网络图片或网络视频等形式展示出来，通过高校官方平台发布，对大学生开展思想性与趣味性兼顾的思想和行为引导工作。同时，高校可以利用官方平台主动掌握网络领域的话语权，针对网络上的不良思想和错误信息等，通过高校官方微博、微信等自媒体第一时间及时发声，进行辩驳批评，传递正确的观点和思想。

（二）舆论引导功能

高校官方平台的一大功能就是发布高校信息，主要包括高校的教学、科研、招生、就业等方面的内容，这些信息能够对大学生的思想观念、价值取向、行为态度和生活方式等带来积极的影响，这就是高校官方平台在思想和行为引导上的舆论引导功能。一方面，思想和行为引导者可以通过微博、微信等自媒体和抖音等社交软件及时了解学生的生活、学习、情感等情况，透过现象看本质，及时发现隐藏在表面信息之下的，大学生思想、心理等深层次的问题，并及时分析原因，着手解决。以官方平台的"评论""回复"等形式，与大学生主动交流，打通交流渠道，拉近学校与学生、教师与学生之间的关系，引导学生主动表达，加强师生之间的双主体互动。另一方面，高校官方平台发布的日常信息可以帮助家长、社会等校园范围外的群体了解高校的日常管理、运行现状，以及学校的人才培养、教育教学、科学研究等信息，提高社会对高校的关注度。同时，较高的关注度也能让家长、社会了解高校发展的现状和不足之处，并就此提出意见，对于这些合理性意见或建议，高校应当及时反馈，选择有用的采纳，让其感受到来自高校的关心与重视，从而树立良好的高校形象，建立高校自己的声誉和品牌。

（三）激励塑造功能

高校官方平台发布的内容都是正面积极的，主要是先进典范、正面形象、爱心接力等充满正能量和榜样代表的信息内容，以生动活泼的文字、图片和视频等方式展现出来，引发学生的共鸣，让大学生充分感受生活中的"真善美"，在大学生身边树立起学习的榜样。高校官方平台还具有塑造功能，高校官方平台所发布的各个领域里充满正能量的榜样例子和资料信息，能为高校师生树立良好的正面形象，让大学生在良好优秀的校园氛围中不断进行个人反思，调整个人状态，摒弃各种不健康、消极的思想，养成良好的日常行为习惯，形成健康独立的人格。同时，要积极改善高校官方平台的管理制度环境，在不失权威性的同时更加具有亲和力，积极适应互联网思维下大学生思想和行为引导的发展要求。

（四）传播共享功能

高校官方平台的一大重要功能就是传播信息，这是一种具有时效性和权威性的信息传播渠道。高校官方平台的传播功能不仅体现在信息资源等方面，也体现在传播思想和行为观念、价值导向、道德标准等精神文化方面。传播的对象通常为高校师生和校友，同时也包括一些其他的社会人士，如关注高校的家长和有合作的企业等。这样广泛的传播不仅影响高校师生的学习、生活和工作，也触及他们的思想和行为、情感认知和内心世界等。不论是思想政治教育工作者，还是学生，都能够利用高校官方平台来传播具有正面影响的信息，让丰富健康的精神文化产品在校园内部流动的同时，也感染影响校外的社会。此外，高校官方平台的转发功能，也可以及时将其他平台上的信息分享，即体现了共享的精神，极大地丰富了官方平台的资源获取途径。正是由于官方平台的共享性，思想政治教育工作者可以更好地利用官方平台来引导大学生的思想和行为。我们要在海量信息中精心挑选出能吸引大学生，并且对大学生思想和行为有正面影响作用的内容，作为素材通过高校官方平台发布。

二、高校官方平台的主要特征

高校官方平台是以网络为基础，具有一般网络平台的特点，如内容丰富、跨越时空等特点，但也具有其独特的特征。在对大学生的思想和行为引导功能上，高校的官方平台主要有以下四个特征：

（一）对象的特殊性和针对性

高校的官方平台所面对的对象主要为高校师生，有其特殊性和针对性。通常，高校的官方平台主要为本校师生、学生家长、校友等相关群体关注。因此，利用官方平台更容易进行有针对性的思想和行为引导。高校官方平台在建设过程中必须考虑到教育对象（大学生）的特殊性，有针对性地开展思想和行为引导活动。同时，管理者也要充分换位思考，站在学生需求角度，尽量全面地将各种可能性充分考虑，在第一时间内发布与服务对象相关的信息资讯，以达到传播社会主流价值观，弘扬社会主义核心价值观的育人效果，使思想和行为引导工作达到更好的效果。

（二）导向的思想性和政治性

高校官方平台的导向具有较强的思想性和政治性。互联网带来的全球化进程，各种思想汇聚、碰撞，大学生的思想和行为也深受影响，尤其是网络空间中的各种不良信息，极容易将大学生的思想导向拉偏。因此在对大学生进行思想和行为引导的时候不能回避热点问题和敏感话题，必须对多元思潮进行客观、深刻的回应，引导大学生看主流、抓本质、重整体，客观看待各种社会问题和社会矛盾，自觉抵制谣言传播，成为主流舆论的支持者，唱响"网络舆论"的主旋律。自古以来，中国的知识分子就有着浓厚的家国担当的情怀，青年大学生纵论国内外大事和社会热点问题，进行思想交流和观点交锋一直是普遍的现象，高校的官方平台要对大学生的思想交流、思想碰撞进行适当引导，要具有思想性和政治性，以及一定的理论深度和现实指导性，把握人才培养的政治导向，在网络舆论场中强化主流意识形态导向，为大学生的成长成才指引正确的方向。

高校官方平台作为大学生思想和行为引导的重要载体，导向功能主要体现在：第一，价值导向。倡导一元价值形态是高校官方平台的必然选择。高校官方平台要通过多样化手段宣传马克思列宁主义、毛泽东思想和中国特色社会主义理论体系、习近平新时代中国特色社会主义思想，在多元价值并存的思想现状中形成主导。第二，目标导向。高校官方平台要在立德树人的根本任务指引下，坚持培养社会主义合格建设者和可靠接班人的教育目标。第三，行为导向。引导大学生不仅要把马克思主义的科学理论内化于心，更要外化于行，通过理论学习和社会实践相结合使大学生完成从思想到行为的全面转变。

（三）内容的权威性和确定性

高校官方平台作为高校宣传和传递信息的工具，其发布的内容具有权威性和确定性。高校官方平台通常由学校统一组织管理，由宣传部、学生工作部和学院等创建和运营，这些就决定了其发布的内容具有权威性和确定性。在某种程度上官方平台所发布的内容就代表了学校甚至是党和国家的观点，因此必须建立严格的内容审核机制，确保官方平台发布内容的准确无误。当然，这种内容的确定性与内容呈现的多样性之间并不矛盾，我们依然可以用轻松的形式表达严肃的观点。

（四）空间的互动性和参与性

高校官方平台中以亲和力为主的微博微信等社交平台，因其本身互动交流的特性，使得高校官方平台空间具有互动性和参与性的特点。高校官方平台依托于网络和新媒体，在为大学生提供丰富的资源信息的同时，让其能够随时随地参与其中，提高了大学生的参与性。同时，高校官方平台作为连接学校与学生的媒介工具，发挥着桥梁的作用，为学校与学生之间、教师与学生之间、学生与学生之间的交流互动提供了空间，让师生之间的对话更加活跃，更加频繁。积极有效的互动，一方面能让思想和行为引导者及时全面了解学生的情况，帮助他们发现问题解决问题。另一方面，学生之间的积极互动，也有利于正面积极的思想和行为的传播，以同龄人的力量来对大学生进行润物无声的影响。

三、高校官方平台的建设原则

（一）专注校园的原则

在建设高校官方平台时，要以专注校园为理念。首先，大学生思想和行为引导要以引领校园生活为目标，要倡导和营造积极健康的网络环境，要用社会主义核心价值体系引导大学生的思想和行为。其次，大学生思想和行为引导的内容应该源于生活，要将大学生思想和行为引导信息与大学生的学习、工作、交友、休闲娱乐等有机结合。再次，大学生思想和行为引导要融入大学生的日常生活和网络生活。这就要求思想和行为引导者要参与到被引导者的日常生活和网络生活中去，在共同的环境下进行引导和教育，并在此基础上，将网络生活与现实生活相结合，开展线上线下的教育活动。总之，高校大学生思想和行为引导平台在内容建设上应该坚持以"学生需求为导向"，突出服务功能，注重"全心全意为学生服务"的理念，开设针对性栏目，为大学生提供校园生活服务，以此增加官方平台的点击率，扩大官方平台发布内容的传播性，提高大学生思想和行为引导平台的工作效率。

（二）特色化的原则

在建设高校官方平台时，要坚持特色化的理念。所谓特色化，就是指不同于大众的东西，是基于大众的基础上增加独具特色的特质。官方平台不是千篇一律的，官方平台的建设也不是简单地照搬和模仿，而是在充分挖掘学校文化特色的基础上，打造的特色化平台。只有特色化才会带来关注度，只有提升官方平台的关注度，平台才会具有生机和活力，也才能发挥思想和行为引导的作用。因此，高校主题网站建设必须遵循特色性原则，坚持从学校实际出发，打造官方平台的个性和特色，创新官方平台的亮点和色彩。

　　高校官方平台的特色化建设，首先，要从学校文化的特色出发，在充分了解本校的发展历史和文化后，继承和弘扬学校的文化传统，打造具有文化底蕴的官方平台。其次，从学校定位和发展目标出发，立足学校办学实际，打造具有明确定位的官方平台。再次，还可以结合学校所在的地域文化，形成具有地域特色的官方平台。

四、高校官方平台的建设途径

（一）需求分析为先导

　　建设高校官方平台的目的在于对大学生进行思想和行为引导，因此，在平台建设之前，分析建设需求，明确建设目的和服务对象是非常重要的。由于高校官方网站的服务对象是高校大学生，有一定的针对性，因此，在做需求分析时应从大学生出发，考虑他们的需求，思考他们希望从官方平台中获得什么，有针对性的满足大学生的需求。如针对新生的学校简介、课程专业设置、校园生活等内容；针对大学生地教学通知、讲座公告、成绩查询等内容；针对学生家长的学校各种基本资料、发展动态等内容。再者，从建设目的出发，高校官方平台有明确的教育目的，因此在框架布局和内容选择上要以此为核心。例如在内容选择上加大对学校科研成果的宣传力度，让大学生增强认同感和自豪感，激励大学生追求理想。

（二）科学搭建平台框架

　　整体框架是高校官方平台设计的核心，其框架构建的合理性直接影响着平台对大学生的吸引力。一个成功的平台会以访问者为中心，来整体考虑布局、风格、功能等各个要素。所以官方平台的搭建必须遵循以下原则：

　　1.风格独特

　　高校官方平台首先要凸显高校特色，彰显思想和行为引导的目的，这可以从布局和色彩上面来进行协调。合理的布局能给访问者清晰明了的感觉。合理的色彩搭配，能更好地表现主题，吸引大学生的注意力。对于高校特色部分，可以放在醒目位置，栏目设置以内容的主次顺序来安排，突出重点信息。色彩方面，可以根据学校的学科特色、地域特色、人文特色、传统特色等各方面的因素来确定主色调，再根据主色调来确定辅助色。对于主要内容可以用颜色来突出，但色彩搭配要合理，不能太过花哨，显得杂乱无序。适当的留白也可以给访问者思考的空间。

　　2.栏目设置合理

　　内容如何分类直接影响访问者查找信息的难易程度。内容组织的好坏严重影响导航。

因此，在建设高校官方平台时应该合理设计平台的栏目，便于大学生访问时顺利查找到自己需要的信息。同时，还应建立测试修正方案，对平台的设计通过反馈不断改进，为浏览者提供最好的访问体验。互联网思维下的大学生的思维具有跳跃性，在碎片化的时间浏览平台内容时大多时候会只看标题，而鲜少仔细查看内容。因此，在内容设计上，可以适当使用"标题党"的模式，在标题中尽可能表达更多的内容，以适应互联网思维下大学生的快速阅读。

3. 增强可扩性

高校官方平台的建设是一个长期性的活动，在不同时期侧重于不同的主题，平台的栏目可能也会随着发展的过程而不断丰富，这就需要平台有较强的可扩性，而不是局限在小栏目里。因此，平台的设计坚持可扩性，既能满足当下的发展要求，也能在未来有足够的发挥空间。

（三）精心制定内容

精心制作高校官方平台的内容，保证内容的真实性、原创性和特色化。高校官方平台的受欢迎程度跟平台发布内容的真实性、趣味性和特色性成正相关，作为高校传递信息的重要渠道，只有在内容的真实性、原创性和特色化上面有所凸显，才能得到更多大学生的认同和喜爱，才能更具有吸引力。

1. 要确保信息内容的真实性

官方平台代表官方发声，具有权威特性和教育目的，其发布的信息的影响力也较大，因此在编辑官方平台的内容时，一定要确保内容的真实性和准确性。一旦出现错误信息或者不当言论，可能会引起较大的舆论争议，严重的直接影响对大学生思想和行为引导的走向。尤其是在一些官方说法和敏感话题上，一定要注意措辞严谨，反复确认所发布的内容的真实性和准确性，尽量避免错误信息的发布。如果出现了错误或者不当言辞，一定在第一时间更正，并且向公众解释道歉，树立良好正面的高校形象和社会声誉。

2. 重视官方平台的原创性

高校官方平台面对的多是高校学子，由于大学生对于新事物的浓烈兴趣和较高接受度，原创性内容更能吸引大学生。这就要求高校在使用官方平台发布信息时，要注意内容和形式的原创性和新颖度，以原创和吸引力来吸引更多的大学生的关注和传阅，形成更广泛的思想和行为引导覆盖面。同时，原创的内容和形式也是一种激励大学生自主创新的方式，能提高大学生的创造能力。

3. 重视官方平台的特色化

如今，几乎每个高校都有自己的官方平台，但影响力不尽相同。有的高校官方平台以其特色化内容吸引本校以及外校的大学生的高度关注，有些高校的官方平台却连本校学生都鲜少问津，为了提高关注度，达到更加广泛和深层次的思想和行为引导目的，高校官方平台的建设和内容发布一定要找到自己的特色点，从自身特点出发，以丰富有趣的形式展示、吸引更多的大学生的关注。

（四）增强粉丝黏性

与一般网络平台相同，高校官方平台也具有自己的粉丝基础，粉丝的数量和质量直接影响高校官方平台的关注度。大量活跃的粉丝才是高校高关注度的体现，因此在官方平台的日常维护中，要注意加强粉丝对平台的黏性，这就需要高校官方平台在呈现形式、表达方式和互动方面多花功夫。

1. 呈现方式多样化

优化高校官方平台信息的呈现形式，注重呈现信息的及时性、多样化和透明度。在高校官方平台发布内容时，以多样化的形式呈现，如图文结合、音频视频、漫画等方式，吸引更多的关注和更多的粉丝的喜爱，提高官方平台的影响力。

2. 表达方式多样化

高校官方平台在发布内容时，应该结合具体的内容，采用不同的表达方式，并进行一定的创新，使表达更加亲切，更加能打动人。

3. 要增加大学生的参与度

高校官方平台的服务对象为高校大学生，在提供各种权威信息的同时，高校官方平台也是学生与学校沟通互动的渠道。因此，高校官方平台的建设应该加强与学生之间的互动，提高学生对于学校建设发展、平台建设发展的参与度，拉近高校与学生之间的距离，提高学生对高校的认同感和归属感。高校官方平台可以通过发布一些讨论度和参与度较高的活动，结合线下，吸引更多的大学生参加，增加参与性，提高高校官方平台的知名度。同时，开设意见栏目，让大学生对于自己所了解到的官方平台的不足有更好的发声之地，高校也应及时给予反馈，与学生形成良好的循环和正向反馈，不断完善平台的建设。

第三节 大数据时代大学生思想教育高校 SNS 平台建设

高校 SNS（Social Networking Service），中文名称是高校社交网络服务，它是未来帮助大学生建立社会性网络的互联网应用服务。这个社交网络是以人为核心，整合邮件、即时通信、BBS、RSS 和微博等网络社交工具的功能，拓展 web3.0 的功能，同时依据六度分割理论创立的面向社会性网络的互联网服务，通过"大学生朋友的朋友"来进行网络社交拓展。SNS 以 P2P 技术为基础，为大学生提供了自我展示、交流相识和共享协作的平台，以 UGC 为核心，以实名制为基石，在大学生之间建立双向关系。SNS 最大的特点是"去中心化"，以人为信息传播节点实现平台的信息资源推送和传播。

高校 SNS 平台的去中心化与互联网思维的特点不谋而合。SNS 平台为基于互联网思维的大学生的思想和行为引导创造了新兴空间，也为大学生提供了更广阔的交流学习平台。就目前来看，高校 SNS 平台的建设已初具规模，如我国首个实名制综合性学生网络互动社区——"易班网"，已基本覆盖全国大部分高校。

一、高校 SNS 平台的功能

高校 SNS 平台以其独特的社区文化为大学生提供了学习、交流、互动等服务，在对大学生的思想和行为引导上也有着为大学生提供个性展示的空间、交流互动的平台、综合服务的渠道和休闲娱乐的场所等功能。

（一）个性展示

高校 SNS 平台为每一位大学生都提供了个性展示的空间，让人人都拥有能记录自己、展示自我的平台，拥有自己独立的网络空间，也就是我们常说的个人主页。个人主页其实就是以个体的信息为中心的网站，大部分内容从介绍自己和展示自我出发，不一定是自己建立的网站，但强调的是以个人信息为中心，内容的发布、管理等都由个体独立完成，其形式可以是博客、论坛等。大学生采用文字、图片、音频、视频等形式，在虚拟空间中展示自己，表达自己的喜好、性格、审美、才能等特征，分享自己的思想内容，展示自己的才华和能力，将丰富多彩的自己呈现给虚拟网络空间中的所有人，让更多的人认识自己，了解自己，建立网络社交，扩大社交乃至生活范围。同时，个人主页也是个人发展点滴的记录，是成长经历的记录。思想和行为引导者可以通过大学生的个人主页了解大学生的成长经历、发展情况和生活学习现状，再结合每一个学生的具体情况，因材施教，制行符合大学生自身发展的思想和行为引导方案，将思想和行为引导的效率最大化。

（二）交流互动

SNS 平台集合贴吧、BBS/论坛、公告栏、群组讨论、在线聊天等社交功能于一身，为社区中的每一位大学生提供了平等开放的交流互动空间。通过信息资源和服务功能的不同，分别建立对应的社区版块和小区，如科研学习、招聘就业、生活服务等，不同版块的内容根据大学生的切实需求来组建。BBS 与公告栏提供了消息发布的平台，加快了信息的传播速度与拓宽了传播的面积，有利于思想政治教育工作者快速传递信息。论坛、贴吧的形式针对某一方面的兴趣爱好集结志同道合者一起分享，也为思想政治教育工作者通过兴趣爱好潜移默化对大学生进行思想和行为的引导提供了途径。群组讨论与在线聊天是实时交流的工具，是社区内互动最直接、快速、有效的方式。虽不是面对面的交谈，但信息数字化的方式、生动形象的表述、大范围的讨论环境能够满足大学生的网络社交心理。有效的交流互动，也能让学生与教师之间有更深层次的了解，有利于思想和行为引导工作的展开。

（三）综合服务

SNS 平台主要面向高校师生群体，能为高校师生提供生活、学习、娱乐等多方面的综合服务。如社区服务版块可以为大学生提供交通时刻表帮助学生合理安排出行；提供校园演出的"抢票"功能，让每个学生都有机会观看演出。社区综合服务的提供，一方面是吸引大学生注册、使用的手段，另一方面能够增加大学生对社区平台的归属感。本着以人为本的原则，从大学生切身需求出发，了解并完善多方位的服务，是社区人性化设置的重要体现。

（四）休闲娱乐

大学生的网络娱乐活动主要是影视、动漫、音乐、网游等，这也是大学生的兴趣所在，高校 SNS 平台的建设也可以从这个方向出发，为大学生提供休闲娱乐的板块，以兴趣培养和娱乐放松为主要方向。由于大学生的个性化，休闲娱乐版块的设计应当从大学生心理需求出发，并蕴含思想和行为引导内容在内进行设计。精心制作的休闲娱乐咨询，贴合大学生网络活动的心理需求，引进并开发有思想、有内涵的休闲娱乐资讯，同时将思想和行为引导默化于这些内容之中，对于质量低下、内容低俗的动画、影音、游戏等进行筛选抵制。但是，模仿照搬不是长久之计，还是应当提高原创内容的开发，打造属于高校自己的文化品牌。比如，以大学校园生活为题材，制作视频短片、或动画合集，能够将大学生带入情境，引起大学生心理上的共鸣。

二、高校 SNS 平台的主要特征

高效的 SNS 平台与真实社区一样，也为大学生提供了一个平台，这个平台类似信息交流平台，包含社交、讨论、约会、聊天等，使大学生在上面可以相互互动。此外，高效的 SNS 平台也具有其独特的属性。

（一）大学生的主体性

高校的 SNS 平台不仅为大学生提供社交的平台，更是大学生展现自我的绝佳空间，这与高校官方平台中的个人主页有异曲同工之妙。

（二）信息传播的超时空性

网络的时空跨越性，借助于计算机网络技术，学生之间可以瞬间实现跨越时空的互动。不同时间发布的信息可以一直留存在社区平台上，任何人在任何时候看到都可以进行讨论交流，这便是跨越时间限制的交流互动。

（三）人际互动的符号性

在社区平台中，大学生已经符号化，交流互动也具有符号性和隐匿性。在社区平台中，每一个大学生都以个人 ID 标识自己，性别、年龄、身份可以随意更改，一个符号就代表一个人。而符号化的人际互动，有更大的自由性和虚拟性，可以让大学生进行平等轻松的人际交往和互动交流。

（四）人际关系的松散性

由于社区平台中大学生人际互动的符号性，所建立起的人际关系也具有一定的虚拟性，这样的关系是较为松散的。处在同一个社区平台中的大学生，可能只是因为同一个爱好或者参与同一个活动，大家来自不同的地区，在社区空间中进行相同的虚拟活动，所建立的人际关系也是虚拟的，一旦活动结束，大家便不再有任何交集。同时，由于社区平台的自由性，大学生可以随时进入或随时退出任何社区，这样大的流动性也是造成社区网络中人际关系松散的一个原因。

三、高校 SNS 平台的建设原则

（一）共建共享的原则

实现校园数字化资源共享是避免重复建设、整体提高校园资源质量的有效途径。可以通过校园 SNS 平台建立高校校内及校际间基于校园网络的数字化教育资源共享模式，以一定的资源共享技术，以 SNS 平台为载体，建立资源共享平台，并根据大学生的需要给予指定权限，将资源有针对性地提供给大学生使用。大学生可以通过 SNS 平台建立的庞大的"资源池"，迅速获得有效信息。同时，大学生也可以通过上传的形式，丰富 SNS 平台的资源，保持平台的活力，最终达到大学生个体和平台共同成长的双赢局面。

（二）朋辈影响的原则

朋辈群体在大学生思想和行为引导过程中发挥着重要的作用。"朋辈教育"的概念最早是从国外传入，是指让具有相同的背景、共同语言或因为特定的条件聚集起来的群体，他们在一起相互分享信息、想法或行为技能。大学生朋辈教育是指充分发挥大学生自我管理的意识、尽自己所能给身边的同学以精神上的鼓励和学习上的帮助，及时进行生活、思想上的交流和沟通，让彼此充分体验身边伙伴的关爱，由此更加勤奋学习，快乐生活，实现优势互补、互相促进、共同成长的学生交往方式。高校 SNS 平台使大学生群体主动形成自我教育的生活圈，在"朋辈影响"教育理念的影响下，通过在平台上分享观点、交流思想、榜样引领等形式，让学生成为学生的"老师"，丰富大学生思想和行为引导的新途径。比如，学生自己在网络平台上开设课程等方式，实现对大学生世界观、人生观、价值观的引导、重构和改造，逐渐形成"朋辈教育"的网络文化，并使其植根于大学生思想和行为引导平台，发挥重要作用和影响力。

四、高校 SNS 平台的建设途径

利用 SNS（即网络社区）平台，建立以大学生为中心，以思想和行为引导为目的社区，为大学生提供学习生活服务的同时，完善高校的思想和行为引导工作。对于 SNS 平台的建设应注重大学生的主体性、平台资源的共享性、平台内容的丰富性和平台的服务性等。因此，在建设高校的 SNS 平台时应注重以下五个方面：一定规模的社区设施、一定数量的社区人口、一定类型的社区活动、一定特征的社区文化和一定形式的社区服务。

（一）一定规模的社区设施

高校的 SNS 平台的建设需要有一定规模的社区设施。任何社区的建设都需要一定规模的设施基础，高校 SNS 平台也不例外。对于高校社区平台来说，社区设施指的是社区平台的功能和服务。大学生在社区平台中有自己的个人主页，也就是独立的个人空间，也需要公共活动场所和娱乐场所（如论坛、游戏等），需要各种服务（如生活资讯、分类信息、在线咨询等）。只有完善的社区功能和社区服务才能吸引更多的大学生入驻，并作长期"居住"的打算，形成稳定活跃的社区平台。因此，通过完善社区设施，丰富社区功能，提高社区服务质量等手段来建设 SNS 平台的社区设施是高校 SNS 平台建设的基础工作。

（二）一定数量的社区人口

高校的 SNS 平台的建设需要有一定数量的社区人口，即是指在 SNS 平台上注册的大学生人数，但是注册的大学生数量并不等于有效人数，有一定活跃度的大学生才是真实有效的社区人口。网络社区的无限容量，是虚拟社区与现实社区的最大区别。关于人口的容量，网络社区具有无可比拟的优势，但社区中真正活跃的大学生才算是有效人口。网络社区的建设者和运营者应该在形式和内容上对社区平台进行优化，吸引更多的大学生入驻社区，留在社区。只有在一定有效人口的基础上，高校才能通过 SNS 平台组织各种实践活动及思想和行为引导活动，才能达到思想和行为引导的目的。因此，通过创新内容、丰富形式、广泛传播等手段来增加 SNS 平台的有效人口是建设高校 SNS 平台的重点部分。

（三）一定类型的社区活动

高校的 SNS 平台的建设需要一定类型的社区活动。社区平台中的大学生，通过社区平台记录生活点滴，发起或参与各类热点话题的讨论，表达自己的看法和观点，参与各种主题活动，通过多样化的方式表达来满足个性的诉求，进行社交、倾诉、展现自我等个人活动。因此，只有丰富有趣的活动才能提高大学生的参与度，只有新颖且有争议的话题才能引起讨论，只有活跃且有吸引力的社区活动内容才能引起大学生的热切参与和激烈讨论，才能调动大学生的积极性，提高社区平台的活跃度，并以此吸引更多的大学生入驻。因此，不断丰富社区内容，创新社区活动的形式，积极组织社区活动来建设 SNS 平台的活动内容，是建设高校 SNS 平台的关键所在。

（四）一定特征的社区文化

高校的 SNS 平台的建设要有一定特征的社区文化。社区文化是在一定地域内，由社区主体所决定的文化内涵。高校 SNS 平台的社区文化指的是在不同的网络社区，由于社区的功能、结构、人群的组成、组织者的理念和倡导等方面的差异，形成的具有一定特征的社区文化和社区认同。社区文化不是某个人赋予的，而是人们在社区活动中逐渐积累和沉淀下来的一种价值认同。以大学生为主的高校 SNS 平台，更需要对社区文化进行建设和引导。高校的 SNS 平台的社区文化大多会受到现实中的校园文化的影响，在建设高校 SNS 平台的社区文化时要注意掌控其引导的方向，尤其是在价值观、人生观导向方面，高校应掌握其走向，利用社区文化，引导正确的舆论导向和价值观、人生观的导向。因此，以积极乐观的导向和进取探索的精神来引导高校 SNS 平台的文化发展，是建设高校 SNS 平台的导向所在。

（五）一定形式的社区服务

高校的 SNS 平台的建设要有一定形式的社区服务。一定形式的社区服务指的是在网络社区中，为每一位大学生所提供的满足其需求的服务内容，帮助大学生解决问题。针对大学生在网络社区中可能遇到的问题，提供对应的解决办法，形成全面高效的服务机制。高校的 SNS 平台的社区服务，更多的是面向高校师生，以学生为主，在充分了解大学生的背景下帮助他们解决问题，及时进行思想引导，在学习和生活等方方面面为大学生提供服务。贴心全面的服务在帮助大学生解决问题的同时，也在情感上拉近了大学生与平台之间的距离，让大学生对平台产生强烈的归属感和认同感，从而建立起平台的良好口碑，打造自己的品牌，形成正反馈，吸引更多的大学生，建立更完善的平台。因此，及时发现大学生需求，提供优质服务，是建设高校 SNS 平台的价值所在。

基于互联网思维的大学生思想和行为引导的平台建设，意味着在参与主体之间建立了更加便捷的交互平台，为提高教育主体之间的互动性提供了更多的可能。同时，也提升了平台的普惠性，更多的教育资源在更大的范围和程度上实现了共享。

参考文献

[1] 何丽新.高校思想政治工作体系理论与实践 [M].厦门：厦门大学出版社，2021.

[2] 卢保娣.大数据时代高校教育管理及其信息化建设 [M].长春：吉林大学出版社，2021.

[3] 尹建新.计算思维与大数据基础 [M].北京：电子工业出版社，2021.

[4] 刘国龙，陈龙.大数据与大学生思想政治教育融合发展研究 [M].苏州：苏州大学出版社，2021.

[5] 邓喜英.新时代高校大学生思想政治教育创新研究 [M].北京：中国华侨出版社，2021.

[6] 钟家全.互联网与新时代高校思想政治教育队伍建设 [M].成都：西南交通大学出版社，2021.

[7] 陈言.大数据时代下大学生道德教育探索 [M].天津：天津人民出版社，2020.

[8] 罗慧.大数据时代思想政治教育策略新探 [M].北京：研究出版社，2020.

[9] 荆筱槐.大数据与高校思想政治理论课 [M].北京：光明日报出版社，2020.

[10] 胡凌霞.高校教育管理理念与思维创新 [M].长春：吉林大学出版社，2020.

[11] 刘巍.大学生思想政治工作开展及评价 [M].长春：东北师范大学出版社，2020.

[12] 蒋海彬.大学生思想信息分析方法研究 [M].沈阳：辽宁大学出版社，2020.

[13] 孙瑞婷.新时代大学生理想信念教育研究 [M].北京：中国社会科学出版社，2020.

[14] 夏莉琼.以大数据思维推动思想政治教育创新发展 [M].长春：吉林出版集团股份有限公司，2019.

[15] 彭晓宽.大数据时代思想政治教育创新发展研究 [M].长春:吉林出版集团股份有限公司，2019.

[16] 刁生富，李香玲，刘晓慧.大数据时代思想政治教育新探 [M].北京：知识产权出版社，2019.

[17] 梅茹.大数据时代大学生思想政治教育工作的优化研究 [M].北京：中国纺织出版社，2019.

[18] 杨学玉.新媒体背景下大学生思想政治教育研究 [M].北京：北京理工大学出版社，2019.

[19] 陈燕 . 思想政治教育社会治理功能研究 [M]. 北京：中央编译出版社，2019.

[20] 陈胜国 . 新时代高校思想政治教育创新发展研究 [M]. 北京：印刷工业出版社，2019.

[21] 徐原，陆颖，韩晓欧 . "互联网 +" 时代高校思想政治教育创新研究 [M]. 河北：燕山大学出版社，2019.

[22] 唐波 . 高校教师思想政治工作研究 2018 年卷 [M]. 上海：上海人民出版社，2019.

[23] 燕艳 . 转型与发展信息时代下高校思想政治工作的创新与实践 [M]. 长春：东北师范大学出版社，2019.

[24] 杨方旭 . 大数据时代背景下大学生思想政治教育新思路 [M]. 长春: 东北师范大学出版社，2018.

[25] 魏彬 . 大数据与高校思想政治教育艺术 [M]. 延吉：延边大学出版社，2018.

[26] 郑磊 . 大数据时代高校思想政治教育的发展与创新 [M]. 北京：中国商务出版社，2018.

[27] 郭同峰 . 网络时代思想政治教育研究 [M]. 北京：九州出版社，2018.

[28] 张兴春 . 新形势下研究生思想政治教育研究 [M]. 合肥：合肥工业大学出版社，2018.

[29] 韩巧霞 . 大学生思想政治教育接受问题研究基于文化资本分析方法视角 [M]. 北京：知识产权出版社，2018.

[30]赵平,吕洛乐,韩冰.大数据时代高校思想政治教育创新研究[M].长春:吉林文史出版社，2018.